永尾雄二郎　クリストファー・ハーディング　生田 孝

続・仏教精神分析

フロイトの心、親鸞の心

Ψ
金剛出版

左から永尾、生田、ハーディング
（二〇一五年十二月十三日　永尾宅にて撮影）

はじめに

『仏教精神分析――古澤平作先生を語る――』が、平成二十八年六月に金剛出版より刊行されましたが、その後、医学や臨床心理学、宗教関係の方のみならず、各方面の方々から多くの所感が寄せられました。特に鼎談形式のためわかりやすかったとの評をいただき、たいへん光栄に存じました。

その前年の十二月、生田孝先生及びクリストファー・ハーディング（以下、C・Hと略）先生と再度、鼎談の機会がありました。そこで今回、この時のお話を『続・仏教精神分析――フロイトの心、親鸞の心――』として出版することといたしました。

また平成二十九年一月、NHK東京本社より「精神分析と仏教」についての取材があり、ラジオ『宗教の時間』において全国放送が行われましたので、その時の対談内容を鼎談の次に収載することといたしました。聞き手として私の申し上げたい趣意を明らかに引き出してくだされた金光寿郎先生に対し、心より厚く御礼申し上げます。
なお、前回発刊の書において種々ご感想（岩田、二〇一六）を賜り、解題も今回お引き受けいただいた大阪教育大学教授岩田文昭先生に、また末尾に解説をいただいた生田先生、ハーディング先生にも深くお礼申し上げます。

平成三十年四月

永尾雄二郎

《**鼎談者**》

医療法人社団光輪会永尾医院／元・介護老人保健施設あおばケアガーデン　永尾雄二郎

英国エジンバラ大学　歴史学・古典学・考古学部　アジア史学科　クリストファー・ハーディング

総合病院聖隷浜松病院　精神科　生田 孝

《**対談者**》

右同　永尾雄二郎

元・NHKディレクター／仏教評論家　金光寿郎

続・仏教精神分析—目次

――らしくない、らしくなる

一如実相

永尾　「古澤先生の奥様はどのような方でしたか」というハーディング先生からのご質問［注1］ですけれども、これは非常に良い質問ですね。これを聞いていただいたためにまた新しい話題が次々に浮かんできました。

C・H　そうですか。

永尾　このようなご質問をいただき、昨日からお話する内容を考えていましたので、ぜひ聞いてください。

C・H　お願いします。

永尾　今まで奥様のお話をお聞きになられたことはないですか。

C・H　そうですね。ありませんでした。

永尾　前回のお話の時も、ご家族全員の写真をお見せしましたね。お子さんたちと写ったものでしたが。

C・H　そうですね。見せていただきました。

永尾　昭和二十一年当時の奥様の写真を見るとたいへん優しい目をしておられます。口元はお嬢様の陰になっていて見えていませんね。奥様は正にその通りの方でし

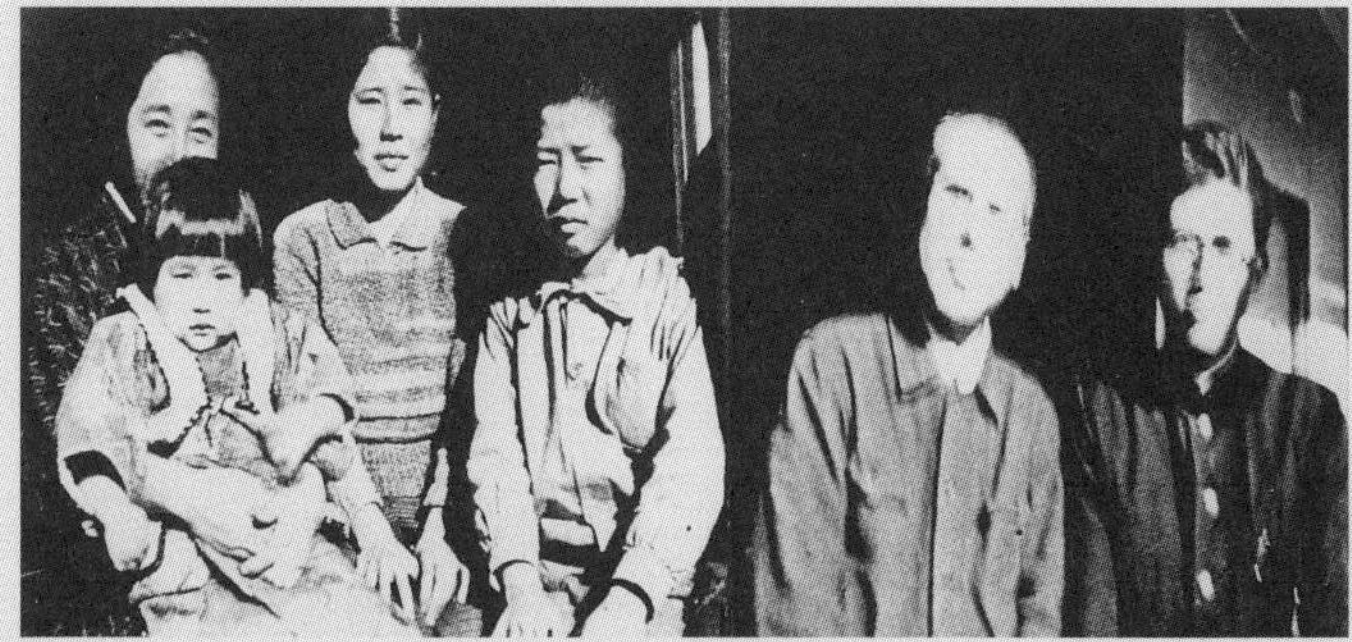

古澤先生との出会い
（昭和二十一年十月）
左から古澤の妻、次女・妙子、
長女・智子、長男・頼雄、
古澤平作、永尾雄二郎

た。つまり一言で言うと「陰《かげ》の方」でした。日本では昔からすべてを表に出さない、陰で支える。「内助の功」と申しますが、自己主張をするということがない方でした。現代の日本では欧米風になったと申しましょうか、自分を表に出すことが求められている風潮がありますね。女性の管理職も多くなり、政治の世界でも女性が国際的な会議に参加するといったように、女性も男性と同じように表に出て行動するようになってまいりました。昔の日本的な慣習からすると、内にあって家庭を守ることが女性の務めとされていました。ですから、「淑《しと》やか」と表現したら良いと思い辞書を引いてみたら、リファインド（refined）と出てきました。

C・H　なるほど。

永尾　ところが、リファインドとは少し趣が違う点があります。リファインドというと、だんだんと立派にするとか、改良するという意味もありましたが、「淑《しと》やか」というのは、「慎《つつ》ましく控えめで、陰《かげ》で支える」というのが日本的な本当の意味です。「慎ましい」は欧米では何と表現したら良いでしょうか。日本風に言うと、それが「女性らしさ」であると申したら良いでしょうか。実はこの「らしさ」ということは昔からの日本の伝統的な美徳とされていたことであり、その思想は仏教的伝統によって根付いたものと申せましょう。「如来《にょらい》」という字は「如から来る」と書きます。如は「～の如《ごと》し」と読む言葉で、平たく言えば「～らしくある」とか、「～のような」という意味です。それは結果として、人間をはじめすべてのものは「らしくなる」ことによって完成されるということを教えていると申せましょう。男は「男らしくなる」。女は「女らしくなる」ことこそ女性的完成であり、美徳とされた理由です。

C・H　そうですか。「表に出ず陰で支える」ですね。ところで、古澤先生との関係はどんな雰囲気でしたか。

永尾　非常に仲が良かったです。古澤先生は奥様のことを「お母しゃーん」と呼んでいました。時には性的なお話なども平気で語ることもありました。

C・H　おお。

永尾　古澤先生は、「僕は昨夜、家内とナ二、ナニをしたので、今日は頭がズキズキしています」というようなことをね。僕はその当時若かったので、性の話なんてタブーであると思っていました。自分にはそういう欲望的なものはないというような顔をしていたし、そういう話は人前ですべきではないと思って隠しているでしょう。

生田　それは分析中に……ですか、雑談ではなくて。

永尾　分析中でした。今にして思うと、そういう「性の話」なんかも性的抑圧からの解放、抑圧された性欲《リビドー》［注2］よりの解放として、分析治療［注3］の一環だったのかもしれませんね。

生田　刺激言葉になるのですね。

永尾　フリーアソシエーション（自由連想法）［注4］での最初の言葉は「永尾しゃーん。今から分析を始めます。あなたの心に浮かんだことをどんなことでも言ってください。こんなことを言うと恥ずかしいとか、こういうことを言うと罪になるとか、そんなことはまったく考えずに、どんなことでも頭に浮かんだことをそのまま言ってください。もしあなたが犯罪をしでかしたようなことを言ったとしても、私はそれを警察に告げたり他人に話したりすることは決してありません」という言葉でした。そこから治療に入りました。毎回そうでした。先ほどの「昨夜、家内とナニをして……」という話も、自分自身もすべてオープン。何一つ包み隠さず表現する。そして、クライエントと同じ立場に入るという先生の分析治療の基本姿勢だったとも言えるでしょう。

C・H　ところで、診療所に対しての奥様の役割についてはどうでしたか。

永尾　奥様は一切ノータッチでした。診療室は先生唯《ただ》一人。

生田　受付もされなかったのですか。

永尾　受付も先生がやっていました。奥様が出てきて何か言うことはまったくない。看護師もいないし、お手伝いさんもいませんでした。すべて先生一人でやられていました。

生田　玄関は二つあったんですか。それとも一つでしたか。家族の出入りするところと診療所とで。

永尾　玄関は診療所としての表玄関と、住宅用の裏玄関とで別々でした。

生田　それは別棟でしたか。

永尾　いや、同じ建物です。ですが、僕が分析指導を受けて五年くらい経った後になってから、たしか中国の人に立派な玄関、応接室や診療室のベッド［注5］のあるほうを貸してしまい、古澤先生は裏の住宅用の小さな玄関から入る方で生活をしておられ、治療もそこでしておられました。その頃からフェイストゥフェイス（face to face）の面談方式［注6］をとられるようになったと聞いております。

生田　それは家賃を得るためだったんですか。

永尾　そうですね。つまり貧しかったんだと思います。

C・H　ということは、分析治療によってそんなにお金が入らなかったんですね。診療費は一回あたりどれくらいでしたか。

永尾　考えてみると、どうも僕は先生にお金を払った記憶がないんです。

生田　前回（前著）もそんなお話でしたね。

永尾　僕が治療を受けた頃は昭和二十一年で、当時は太平洋戦争の終戦直後で食糧難の時代でした。ときどき、田舎から送られてきた芋などを持って行ったらとても喜ばれて「お母しゃーん、永尾しゃんがお芋を持ってきてくれましたー」と言って両手で捧げ持つようにして奥の住まいの方へ持って行かれたことが思い出されます。僕が分析治療を受けている五十分間ほどの最初から最後まで、いつも僕一人でした。その間に患者さんが待合室で待っているということもありませんでした。途中で患者さんが来るようなこともなかったですね。投薬も一度もありません。ですから、現代の精神科診療とはまったく違いますね。

生田　待合室のようなものはあったんですか。

永尾　僕が分析を受けた頃ですが、表玄関の入口を入ったらすぐに応接室兼書斎で、その隣の部屋にベッドがあって、それが診察室でした。そこに仰臥して分析治療を受けていました。自由連想法が主体でした。

C・H　分析が終わったらときどき隣の部屋で、古澤先生とお茶を飲みながら雑談をされていたんですよね。

永尾　そういうこともありました、僕の場合はね。

C・H　それは珍しいことなのですね。前回のお話では、ある意味、ご家族の一人のようになっていたのですよね。

永尾　一緒に映画に行ったこともありましたからね。
C・H　それも永尾先生だけでしたか。
永尾　そうです。「嵐の青春」[注7] という邦題のアメリカ映画でした。当時それを見て、日本の若者たちとまったく違う、アメリカの若者男女の自由な生活に憧れたことを覚えています。
C・H　永尾先生との関係は特別だったんですね。
永尾　それ以外にも、前にお話した近角常観《ちかずみじょうかん》先生 [前著注29（一一三頁）] の求道会館 [前著注32（一一四頁）] へ連れて行っていただいたこともあります。
C・H　古澤先生の弟子として紹介されたんですよね。
永尾　そうです。
生田　永尾先生は常観先生には会ったことはないんですね。
永尾　ありません。常観先生はたしか昭和十六年にはすでに亡くなっておられ、その頃は弟の近角常音《じょうおん》先生 [前著注33（一一四頁）] が館長をしておられました。
生田　求道会館は都の有形文化財として今でも綺麗に保存されていますよ。

永尾　最近、生田先生が僕に送ってくださった、岩田文昭先生が書かれた『近角常観とその時代』(二〇一四)という本。その中に「常観の思想が当時の青年たち、つまり古澤平作から小此木啓吾〔前著注46(一一八頁)〕や土居健郎〔前著注44(一一八頁)〕に続いている」というような記述がありましたが〔注8〕、特に仏教思想としての続きはないようですね。

生田　思想としては古澤先生で切れますよね。精神分析の師弟関係はありますけれどもね。

永尾　そうですね。当時は近角常観と並んで清澤満之《きよさわまんし》〔注9〕が後世に大きな影響をもたらしていました。清澤先生は後に真宗大学(現在の大谷大学)設立に関与し、暁《あけ》烏敏《がらすはや》〔注10〕・曽我量深《りょうしん》〔注11〕・金子大榮《だいえい》〔前著注12(一〇九頁)〕といった近代における著名な仏教の先生方は皆、清澤門下です。何はともあれ古澤平作先生の名が先の岩田先生の本の中に出てきていますし、近頃日本の精神分析の流れというものが改めて蘇《よみがえ》ってきていると感じます。これには生田先生やハーディング先生のお力もあることだし、前回の対談の時にも、僕は「不思議な御縁だ」と申しましたけれども、僕にとっては非常に嬉しいことです。

生田　他にも何か気が付いた部分はありましたか。

永尾　最近の生田先生の著作の中に、古澤先生の論文の内容の一部がそのまま近角先生の著作にあるようなことが書いてありましたね。

生田　阿闍世《あじゃせ》の話［注12］ですか。

永尾　阿闍世の話は古澤先生の中心的なものですが、しかしそれはあってもおかしくないものだと思います。「学ぶ」ということは「真似《まね》ぶ」というところから来ていると言われていますからね。

生田　古澤先生の書いている阿闍世の文章と一番近いのが近角常観の『懺悔録』（一九〇五）ですので、きっとそこから引用したに違いないということですね。

永尾　そうですね。古澤先生は近角先生の著作を読んでいましたし、文章も似ていましたね。

生田　私はそれを悪いと言っているのではなく、ルーツが明らかにされたということです。

永尾　また、清澤先生の流れを金子先生が「受け継いでいる」となると、それは「真似ている」ということにもなります。そこに仏教の伝統があるわけで、仏教の伝統は釈迦の精神に基づくということ。親鸞〔前著注8（一〇八頁）〕はインド・中国と日本の七学僧〔注13〕の流れから浄土教〔注14〕が生まれたと説いてあります。そういうことになると、トーマス・マン〔注15〕が「フロイト〔前著注13（一〇九頁）〕の説はショーペンハウエル〔注16〕、ニーチェ〔注17〕、彼らとそっくりだ。彼らの哲学的な思考にピッタリと合う。それをフロイトは科学的に追及している」と。僕は七十年位前に「フロイドと未来」という本の中に書いてあったことを覚えています〔注18〕。だから真似ぶは、学ぶなのですね。

C・H　古澤先生は清澤満之の本を読んだことはあるんですか。

永尾　いや、それは聞いたことはありません。

C・H　そうですか。清澤満之といった仏教関係の方達の名前は出てこなかったのですか。古澤先生は近角常観がメインだったんですね。

永尾　金子大榮先生の『親鸞教の研究』（一九四三）は読んでおられました。近角常観先生のところに行ったけれども、そこでどのようなことを学んだかということや著書についてのお話は特にありませんでした。

C・H 古澤先生は、「親鸞の心を持って精神分析をすることが大切であること、これからの精神分析のためには親鸞の心が大切だということ」を言われていたんですよね。僕にとってこの言葉は非常に難しいのですが、どういうことなんでしょうか。

永尾 そこなんです。その意味をお聞きになるということは、僕はとても凄いことだと思います。ただ親鸞の心が大事だというだけでは、それが精神分析とどう結びつくかわからない。それを追求なさるのは、精神科の医療や歴史に関係のある方なら当然のことだと思います。それについては、先ほどの奥様のお話と関連しますが、今回の話も結局のところ親鸞の心とは何かというお話になってきますね。その答えを一言でいうのは大変難しいことですけれども、僕の感じでは生田先生もハーディング先生もすでにおわかりになっていることだと思いますよ。すでに知っているから聞きたいのですよ。「聞く」こと自体がすでにもう答えになっているんじゃないでしょうか。

生田　そうか、なるほど。

永尾　私の恩師、金子大榮先生は念仏の教えは「聞思《もんし》の教学」とせられました。聞こうという姿勢そのものが答えだと申せましょう。誰も聞こうとする人がいなかったんですよ。土居健郎さんも小此木啓吾さんにしても、あまり聞こうとしなかったですね。古澤先生は古希祝い〔前著注6（一〇七頁）〕の後、列席者に一遍上人〔前著注69（一二四頁）〕の本を配ったんです。それは結局、念仏の心を知ってもらいたい。つまり、親鸞の心を知ってもらいたいという古澤先生の願いの表れと申せましょう。親鸞と一遍では若干のニュアンスの違いがありますが、どちらも念仏には変わりありません。一遍上人は、「称《と》のうれば、仏も我も無かるなり、ただ南無阿弥陀仏、南無阿弥陀仏」と、そう言ったんですね。金子先生は「称《と》のうれば、我も仏もそこにあり、ただ南無阿弥陀仏、南無阿弥陀仏」と言われました。違いは何かと問われると、そこにあるんじゃないでしょうか。

生田　同じことを言っているように感じますね。そこに「ない」と言っているのと「ある」と言っているということで、コインの表と裏のように思われますね。

永尾　結局、仏教とは、「ある」とか「ない」とかいうものが無くなるということ。真宗〔前著注11（一〇九頁）〕では「解脱の光輪きわも無し、光触《こうそく》かぶるものは皆、有無をはなるとのべたまう、平等覚に帰命せよ」（阿弥陀和讃第三首）という親鸞の和讃〔注19〕があります。有無をはなるというのが、「ある」とか「ない」とかいうことが無くなるということです。つまり、二元論ではなくなってしまうんです。ですから、「あるかないか、はっきりせよ」ということになると、どうしても対立的になりますね。「はっきりする」というのは、イエスかノーかという形ののができて、どこか欧米流の考え方になるように感じます。

生田　古澤先生が最晩年に書かれたものには、自由連想とともに、念仏を称えるように、とありました。そして、それらはどう違うかと問う人は当然いるだろうと。でも、そんなことは賢《さか》しらなことであって、そんなことを考える暇があったら念仏を称えなさい、というようなことが書いてありました。

永尾　それは最晩年のエッセイですね。

C・H　何という文章ですか。

生田　「お差支えなし、御注文なし」（古澤、一九六三）です。

永尾　「かまわん、それでいい」という意味ですね。人間の計《はか》らいを一切なくして無作意に「ありのまま」をいただく姿勢ですね。「如の心」と重なると申せましょう。パッション・イントゥ・ナッシング（pass into nothing）とでも言いましょうか。

二――懺悔　阿闍世コンプレックスよりの解放

知恩報徳

C・H　ところで、前回のお話で、親鸞の心を持っているということは、いつでも反省するということだと思ったのですが、その親鸞の心と精神分析との関係についてお聞きしたいのですが。

永尾　仏教では懺悔《さんげ》といっております。それこそは親鸞の心、念仏の心そのものといって良いでしょう。それは古澤先生の話に戻りますが、古澤先生が唯一親鸞の話をしたことがあります。それは山法師をしていた辯圓《べんねん》［注20］という人との物語です。当時、親鸞の念仏の教えが広まるようになってから、辯圓の呪《まじな》い術がだんだん廃れて自分の収入がなくなってきた。それで親鸞を恨み、親鸞を殺そうと思うようになった。ある時、親鸞が一人で念仏をしているところを見つけ、刀を持って後ろから近づき切りつけようとしたら、親鸞が辯圓の方を向いて、「辯圓来たか。お前が私を殺そうとする気持ちは良くわかる。自分は善いことをしているつもりでいたが、良く考えてみると私はお前の賽銭箱の中に手を突っ込んでいたことになる。悪いのは私の方だった。本当に申し訳なかった」と謝ったそうです。それを聞いた辯圓は振り上げていた刀を落とし、手をついて親鸞に謝った。それから親鸞の弟子になったとのことです。その逸話を古澤先生は感銘深く何回か話されました。それが一番印象に残っています。実はこの話は古澤先生の若い医局時代の診療体験であり、その後の先生にとって極めて大きな影響を及ぼすものになったと申されましょう。東北帝大精神病学教室に入局して四、五年経って、精神分析をもってすればすべてのものが治るという意気に燃えていた頃、ある夜、当直室の扉を叩く一人の強迫症患者が、「先生を殺しに来た」と［注21］。その患者は異常となることによって自分自身を守っているんだと。自分は分析という刀でその人の自我を切り刻んで変えようとしていた。もう分析をするのは止めようと悩んだそうです。それは先ほどの親鸞の辯圓に対する懺悔の話とぴったり重なるもので、それから「親鸞の心がないと人を治すことはできない」ということを痛切に思うようになったと言っておられました。先生にとっての大きな診療体験であり、これがつまり、古澤先生にとっての懺悔であり、回心《えしん》だったと申せましょう。悪人正機《あくにんしょうき》［注22］とは、「お前が悪人だ」と他人に向かって言うのではなくて、「私が悪人でございました」という気持ちにおいて患者と同じところまで下がり、「お前が地獄に落ちるならば、自分も一緒に地獄に落ちよう」と。そこまでいって初めて人は救えるのだという、そんな体験談をかねがね述懐しておられました。

C・H　そういう言葉で古澤先生が言ったんですか。

永尾　そうです。この親鸞の心については、その後僕自身、金子先生の教えをいただくようになって、次第に深く理解できるようになっていったと申すべきかもしれません。そしてこれは阿闍世《あじゃせ》コンプレックス［注23］にもつながるんです。前回（前著三六頁）にも少し触れましたが、結局、阿闍世コンプレックスとは「恩」に対する反逆であると僕は解釈しております。親みたいな顔をして実は俺を殺そうと思っていたのではないかという阿闍世のコンプレックス。

そしてそのコンプレックスは、ギリシャ哲学の流れ、ストア学派のセネカ［注24］の言葉。「人に恩を与えてはいけない。恩を与えると、恩を与えられた人間はその人に一生頭が上がらないから、恩を与えた人間が早く死ぬように望むようになる」と。かつての教え子だったネロ（後の皇帝）［注25］に対してのこの言葉は、正に阿闍世コンプレックスと重なるように思われます。

韋提希夫人《いだいけ》と夫の頻婆娑羅王《びんばしゃら》［注26］の二人は、なぜ、あんなに可愛がって育てた一人息子が私たちを殺そうとするのかどうしてもわからなかった。そこに釈迦が出向いて説法したといわれています。あれは説法というより現実としては対話治療と言ってよいでしょう。実際としては心と心の対応です。釈迦が対話して韋提希の悩みや愚痴を聞いた。そして、「浄土という安らぎの場所がありますが、あなたはどこを選びますか」と。韋提希自身の気持ちでその場所を選ばせたわけです。釈迦の額から光が出た、それを「光台現国《こうだいげんこく》」［注27］といいます。そうしたら韋提希は、「浄土のような争いのない世界に行きたいです」と答えた。それを聞いて釈迦はにっこり笑った。それを「即便微笑《そくべんみしょう》」［注28］といいます。いずれも率直な対話表現をしています。そこで韋提希は救われたと。結局、セラピストの釈迦が慟哭《どうこく》するクライエントの韋提希の問いに心から答えたということになります。生田先生が以前出版された論文（生田、二〇一一）でいえばロゴスではなくてパトスということになりますね。つまり、パトスとパトスの交流、コンパッション〔注29〕によってそれがピタッと合ったときに治療が完成する。その時に仏教、あるいは宗教では「救われた」というわけですね。「救われた」ということは結局、治療でいえば「治った」ということです。精神療法としていえば、釈迦はセラピストで韋提希はクライエントの関係といえるでしょう。これは昔インドという遠い国で起こったある特殊の出来事というのではなく、洋の東西を問いません。これは僕自身の人生遍歴や体験からくる、僕なりの解釈かもしれませんが、阿闍世コンプレックスの克服は男女共に同じく人間である限り、人生そのものの解決として最も重要な課題であり、親も子も、セラピストもクライエントも共に「阿闍世コンプレックス」からの解脱・解放が求められるものと申せましょう。セラピストも自分自身の中に潜む「阿闍世コンプレックス」が克服されていなければ、他者（クライエントを含む）を治すことはできないと申せましょう。

C・H　欧米の精神分析は年単位での治療になるので、大変時間がかかることが多いですが、古澤先生の治療は三カ月、四カ月間だったと聞きます。そのような短い期間で患者さんが治ったということは古澤先生にとってどんな意味があったのでしょうか。

永尾　「直感／直観」でしょうね。その患者の笑顔や表情など全体を見て、直感／直観によって判断したんだと思います。ロゴスつまり理論的解釈ではなくて、あくまで「直感／直観」で「勘」というか、先生自身がコンパッションで判断したと思います。僕の場合、「あなたは仏になった」と言われました。僕はそれを聞いてビックリしましたけれど、治ったということだったんでしょうね。

C・H　その点で古澤先生は結構うまかったんでしょうね。直感／直観の力というか……。

永尾　そうそう、そうです。

C・H　だいたいの患者さんは治ったんですか。

永尾　古澤先生は、「こういう患者をこうやって治した」とか、「治った人の数は何人だ」というようなお話はされませんでしたから、どうでしょうか。名簿を見たことはありません。

C・H　プライバシーのこともありますからね。例えば自分自身の治療はこうだったとか、自分の力を自慢したとかいうことはありましたか。

永尾　それはないです。でも、精神分析をすればどんな人でも必ず治す、治るというような自負、プライドは大きかったですね。

C・H　自分自身の力というわけではなくて、精神分析の力という意味ですか。

永尾　そうですね、精神分析をもってすればどんな人でも治せるという自信、見方によればある種の誇大妄想のようではありますが、良く言えば自信があったんだと思います。

C・H　自分の力をすごく信じているわけではなかったということですか。

永尾　そこで自分の力と思わずに、そこに阿弥陀の力を感じたから、親鸞の心をもってしなければ治療は完成しないと言ったんじゃないでしょうか。自分の力を超えた大きな力を感じ、それがまた先生の自負の心となっておられたといえるでしょう。

C・H　患者さんが治った時は、阿弥陀の「おかげ」だと思ったのですか。

永尾　「おかげ」だと口では言われませんでしたが、正に陰の力として阿弥陀の力を思っていたんじゃないでしょうかね。技術としては当然、精神分析技法としての自負があったと思われます。分析と念仏両々相俟《あいま》っての大きな力を信じておられたと申せましょう。

生田　古澤平作という人には、いわゆるカリスマ性［注30］があったんですか。

永尾　そうですね。カリスマ性があったように思いますね。僕が師事していた頃の先生は五十代前半で、年齢的にも経験的にも最も意気盛んな時でした。

C・H　古澤先生の場合、治す力・治る力はどこからきたのでしょうか、患者の中から出てくる力ですか。

生田　当時の精神分析の診療所［注31］は日本にそこしかなかったわけだし、今のようにいろいろな治療技法がたくさんあったわけではありません。だから患者さんとしては藁《わら》にもすがる思いで来たわけだから、患者さん自身も治療意欲が高いというか、かなり治る可能性のある人があいうところに行ったんじゃないですかね。モティベーションがあって自分の意思で行くわけでしょう。

永尾　そうですね。だから話は戻りますけれども、念仏の教えは聞こうという姿勢そのものによって救われることになる、裏を返せば聞こうという気持ちのない人にはいくら説明しても救われない。医療的に言うならば、治りたいという意欲。これは聞こうという意欲と同じでしょうね。「馬の耳に念仏」といいますが、いくら説明しても聞く気持ちのない人には無駄でしょうね。「自分が治る」ということは、「俺の力で治ったんだ」というものではない何か。それがこの前、僕がテレビでお話しした『普遍の法をどう聞くか』〔注32〕の趣意です。「普遍の法」、つまり大自然の道理の中にあって、「特殊の機」である自分が救われてゆくということ。「普遍の法」は如来の力であって大自然の道理、働きです。「特殊の機」は個々の患者、つまりは私たち自身のことで、皆それぞれ性質が違います〔金子、一九六八b〕。治りたいという気持ちの人と、あんな話を聞いても治るものかという気持ちの人がいるように、いわゆる聞く気持ちのある人あり、ない人ありで、すべて人それぞれが「特殊の機」にあたるわけです。指紋が違うように。また、DNAが異なるように、すべての違うものを包み込む働きによって治っていくということ。そういうことになると、宗教的結論のようになるけれども、

「ありがとう」という心において、その「普遍の法」をいただいていくよりほか救われない。真実なるもの、本当のものに成り得ない。「ありがとう」の心は「普遍の法と特殊の機」の感応された表現であり、それによって人は救われ、幸せになれるという結論になるわけです。前回ハーディングさんたちがおいでになった時、仏教はアイサンクユー (I thank you) ではなくて、ただ、サンクス (thanks) だと言いました。ノーアイ (No I)、ノーユー (No You)、オンリーサンク (Only Thanks) というようなことで、ただサンクスの世界、それが「普遍の法」にあたるわけです。サンクスの中にあって、そしてあなたもいる、私もいる。一切のもの、一切の現象、永遠無限の世界が成り立っている。それが、「浄土」つまり、南無阿弥陀仏の世界だということです。親鸞はそれを「真仏土《しんぶつど》」と表しております[注33]。

C・H　永尾先生が精神分析を受けていた時に、西田幾多郎[注34]などの京都学派の本をいろいろ読まれたんですよね。古澤先生も京都学派のことに興味がありましたか。

永尾　西田哲学の本は読んでおられたと思いますね。

C・H　影響を受けていたわけではないですか。

永尾　影響は受けておられたと思います。「絶対矛盾の自己同一」とか、「場所」とか、「無の自覚的限定」といった西田哲学の用語などは先生の口から聞いたことがあります。仏教的に言えばすべてのものが救われる「場」というのが「浄土」です。キリスト教では「天国」と言っているでしょう。僕はどちらでも良いと思います、「極楽」と言っても良いし。英語で言うか日本語で言うかの違いだけですし、要は受け止め方の心によります。これは一緒ですよ、宇宙が違わないように。

C・H　そうですね（笑）。

永尾　まあ、いろいろあるでしょうが、全部それが一つの同じ形で動いていますから。そういうものを「普遍の法」と言っていいじゃないでしょうか。「そうあらしめているもの」です。僕らが生まれてきたのも、「生まれるぞ」と言って生れてきたわけでもないし、何だかわからないけれども独りでにこの世に生まれてきて、今ここにいるわけですから。それと同じように、すべてのものがそういう風になっているという巡り合わせですね。仏教では「御縁」と言います。だから、そういう巡り合わせを先ほど、「ありがたい」と思うようになると言いましたが、「ありがたい」というのは「不思議を感じる心」であり、それが「御恩」になるわけです。「縁」が「恩」になる時に救われるのですね。

C・H　「ありがたい」というのは「不思議」ということですか。

永尾　そうです。「有ること難し」ということ。それが「有り難い」ということ。「偶然の生」とは「有ること難い生」という意味になります。つまり「不思議」ということになるわけです。

C・H　そうでしたね。

永尾　「ミラクル」と言ったかな。「神秘的」とも言いましたか。それを鈴木大拙先生［前著注31（一一四頁）］は「日本的霊性」というような表現をしていました。

生田　スピリチュアル、「スピリチュアリティ（spirituality）」ですね。

永尾　そう、「スピリチュアリティ」。それを、「霊性」また、「神秘主義」などと表現していましたね。

C・H　前に古澤先生の田園調布の家の中には、鈴木大拙先生の本が一冊だけあったんですよね。

永尾　『禅の研究』（一九一六）でした。金子大榮先生の『親鸞教の研究』（一九四三）という本もありました。

C・H　古澤先生にとって重要な人の本として、近角常観はもちろん、金子大榮も大切だったといっても良いですか。

永尾　金子先生の『真宗の現世利益』（一九六〇）という本を古澤先生に贈ったこともあります。近角常観というのは、金子大榮先生と同じ念仏の方でした。鈴木大拙先生は禅の方です。そして、禅と念仏の違いということになってくるけれども、「どちらも一緒だ」と言う学者もありますが、金子先生は「禅と念仏は違う」と言っておられましたし、金子先生の門下である僕は、やはり金子先生と同じように「禅と念仏は違う」というほうが本当だと思っています。何が違うかというと、禅は自力、念仏は他力であり、禅は男性的であり、念仏は女性的だと言えるのではないでしょうか。どちらを選ぶかは、先ほど申した「特殊の機」の違いと申せましょう。

C・H　それは金子大榮先生の区別ですか。

永尾　そうです。それと同時に、金子先生の思想を受け継いだ僕が、この頃特に思うことです。「摂取不捨」〔注35〕というのは包むということですよね。すべてのものを包むというのが念仏の教えです。すべてのものを包んでいるのが「普遍の法」であり、すべてのものを包んでいく働きというのは、表現としては女性的といえるでしょう。女だとは言わない。最初に述べたように、そこに女らしさを認める。そして、禅の方は「有り難いだの、懐かしいだの、淑《しと》やかだのそんな女みたいなことは言っておれん！」「何《なん》も有り難くない！」と。「ただ無心じゃ」というように、どちらかというと男性的です。「火の中に入っても熱くない」とか、「笑って死んでゆく」といった特攻精神。ですから禅は侍《さむらい》に受けたんです。侍は、「主人のためなら命を落としても惜しくない」というようにね。

C・H　前に永尾先生から禅の沢庵和尚〔前著注71（一二五頁）〕のお話をお聞きしましたが、古澤先生がおっしゃったんですよね。

永尾　いや、古澤先生は禅とか念仏だとか、そんな区別はあまりおっしゃらなかったし、関心はなかったと思います。ただ、仏教というものが大事だということについて、日蓮〔前著注72（一二五頁）〕や沢庵のお話を聞いたこともありました。近角常観先生は、ほとんどが『歎異抄《たんにしょう》』第九条〔注36〕のお話だったということを聞きました。この第九条というのは、浄土真宗の人生観と言われているような師訓編の締めくくりのお話なんです。「念仏申し候へども、踊躍歓喜《ゆやくかんぎ》の心おろそかに候ふこと、またいそぎ浄土へ参りたき心の候はぬは、いかにと候ふべきことにて候ふやらんと申しいれて候ひしかば」と、弟子たちが親鸞聖人に尋ねました。「念仏をしていても少しも嬉しくもないし、急いで浄土に行こうという気持ちも起こらないのは、いったいどういうことでしょうか」と。それに対して、「親鸞もその不審ありつるに」ということでした。「私もそういうことが非常に不審に、不思議に思っていました」という答えです。つまり、問う人の問いに同調したんです。先ほど申しましたように、セラピストがクライエントと同じ立場に下ってくることによって治療が成立する姿勢です。つまり、私たちには煩悩がいっぱいある。煩悩というのは、貪瞋癡《とんしんち》――欲が多くて、怒り、腹立ち、嫉《そね》み、嫉《ねた》む。それが人間のありのままの相である。その煩悩が多いために喜びの心が起こらないというような返事をしておられます。それで師訓編というものが結びになっています。つまり、一切の縁がすべて恩としていただけるようになる、それが仏教の人生観といえるでしょう。この仏教の人生観や親鸞の心が、人間の心の底に潜む悪なるものである煩悩や欲動を昇華させる、または浄化させることによって、安らかな心となるという分析の理論と重なるものと申せましょう。

三——純粋感情　無作為の作

C・H　古澤先生は、仏教の宗派の違いに関することについて、そんなに気にされていなかったんですね。

永尾　僕が分析の途中で、「先生は沢庵禅師〔前著注71（一一五頁）〕に似ている」と言ったら非常に喜ばれて、「あなたが僕のことを沢庵禅師に似ていると言ったことは、あなた自身が沢庵の気持ちになったんですよ！」と言われました。また、先生から法華経〔注37〕の経典をいただいたこともあります。それから、古澤先生が東北帝大の学生時分に、日蓮宗〔注38〕の僧侶の話を聞いたというお話もありました。

生田　田中智學《ちがく》〔注39〕ですか。

永尾　そうですね。

C・H　あと、ご子息である古澤頼雄先生〔前著注2（一〇六頁）〕に聞いたんですが、古澤先生は朝、三十分から一時間くらい座禅を組んでいたそうです。念仏じゃなくて、座禅を。

永尾　特に宗派について「あれはやってはいかん。これをしなければいかん」というような話はなかったですね。とにかく、日蓮であろうと親鸞であろうと道元

〔前著注82（一二七頁）〕であろうと皆、先生にとっては素晴らしい人であって、仏教信者と言われること自体、喜ばれていたと思います。特定の宗派に偏って、「これでないといかん」ということはなかったですね。

C・H　なるほど。あと、前のお話の中ですごく面白いエピソードを聞いたんですけど、古澤先生は電車の中で子どもを連れた母親に怒った、説教したことがあるというこ とでしたね。でも、人に怒ることは親鸞の心とは違うんじゃないかと思ったんです。親鸞の心であれば、人に優しくするんじゃないかと思うのですが。

永尾　あれは怒るというよりも、その時の印象としては説教でしたね。日蓮の「辻説法」〔注40〕というものがあって、頼まれもしないのに、その「辻説法」をしたんです。仏教では「杖伏《しゃくぶく》」〔注41〕と申しますが、先生の言動の中から杖伏的で厳しい、ややサディスティックな面があると感じることもありました。正確に言えば、先生は喜怒哀楽の感情をありのまま率直に表現する方であったと申すべきでしょう。

C・H　子どもの頃からそうだったんですか。

永尾　そうだったんじゃないですかね。

C・H　子どもの頃のお話を永尾先生によくされていたのですか。

永尾　いいえ。話されませんでした。中学時代に後の岡崎勝男外務大臣〔注42〕と同級生だったとのことくらいです。生田先生が家系を調べて兄姉妹が何人いたとか〔注43〕、生家が庄屋のように裕福な資産家だったと教えてくださったので知りましたが、古澤先生からはそのようなことは一切お話はありませんでした。ただ、小学校の時分に名前のヘイサク（平作）を逆さにして「クサイヘ（臭い屁）」というあだ名をつけられ、そう言われて非常に嫌だったというお話は聞いたことがあります。

生田　十番目の妹の名前は「留《とめ》」で、ジ・エンド（the end）という意味ということ。

C・H　かわいそう。

永尾　古澤先生が大学の医局でのニックネームが「ドン・キホーテ」〔前著注85（一二八頁）参照〕だったという話。縣田《かけた》先生〔注44〕も同じ医局にいたので、ドン・キホーテと言っていたほうじゃないかな。古澤先生の方が先輩で、「縣田君」と言っていました。古澤先生は、損得を省みないで、自分の思ったことを何でもすぐにそのまま言動に表すという性格だったんでしょう。ですから電車の中で子連れの母親のところに行って、「子どもが泣くのには理由があります。おっぱいを十分に飲ませてあげないといけません」と言いましたが、そういう人はあまりいないですね。世間では変わり者とみるようです。

C・H　そのようなエピソードはほかにもありましたか。

永尾　そうですね。あと、「僕のように人類のために一生懸命がんばっている人間から税金を取ろうとは何事か！」と、税務署に怒鳴り込んでいったとも言っていましたよ。これも先生の性格の一面を表しているんじゃないんですか、思っていることをズケズケと言うんでしょうね。

C・H　脳卒中になって〔注45〕性格が変わったと聞いたことがあります。

永尾　病気になってから性格が丸くなってニコニコして、何だか仏様みたいになったと聞いています。その時分、僕はもう東京を離れ静岡に来ていたので、直接先生のそばにはいませんでした。

C・H　どれくらい性格が変わったのかわかりますか。

永尾　まあ、変わったというより本来の生《なま》の相が出てきたと言った方がいいかもしれませんね。僕の師事した若い頃の精悍な面について話しましたが、そのような趣がすっかり影を潜め、本来の仏の相（純粋感情）がそっくりそのまま表れてきたのではないでしょうか。余談ですが、この頃認知症が増えてきたと言われていますけれども、昔から年をとれば物忘れも増えて、みな認知症になったんですよ。知識は薄れても感情は純粋になると申せましょうか。

C・H　なるほど。

永尾　ということは、やはり年をとってくると、ある特定のことだけ、そのことだけに神経を注いでほかのことを忘れてしまうのじゃないかと思うんです。つまり、長谷川式簡易テスト［注46］のような記憶力の検査などを受ける時、「そんなことはどうでもいい」なんて思っていると良い点数が取れるわけがありません。世間一般の常識とは少し外れて、ほかのことはどうでも良くなって、聞いていても聞いていないような状態になっている。それを診断する医者が、「忘れてしまっているから認知症が進んでいる」というような診断をしてしまう。作家は作品の構想ばかり、絵描きであれば絵のことばかり考えてほかのことは忘れて非常識だとか、変わり者と言われる。常識人からすれば変な人。天才と狂人は紙一重だというようなことも言われています。先ほどの生田先生の言葉で言えば、コインの裏表というところでしょうか。僕が古澤先生のことをそのまま語ると「むき出しの古澤平作先生」が出てきて、変わった人のように思われるかもしれませんが、実は素晴らしい感性の先生だったということでしょうね。

C・H　その性格のことですけれども、自分の自由連想と自己分析をされてきたと思うんですけれども、それによって古澤先生の自分の性格が変わってきたということはあるでしょうか。

永尾　それはあるでしょうね。変わってきたんでしょうね。先ほどの親鸞と辯圓の逸話になりますが、古澤先生は精神分析によってどんな人間でも治すんだという思いの中で、自分がその人の自我を切り刻んでいるという姿に気が付かなかった。その点の反省について、親鸞の心を持っていなければならないと深く感じたのだと思います。それと、近角常観先生が『教行信証』〔前著注30（一一四頁）〕の中の一文を書いた直筆の軸物を見せていただいたことがあります。「かなしきかな愚《ぐ》禿鸞《とくらん》、愛欲の広海《こうかい》に沈没《ちんもち》し、名利《みょうり》の大山《たいざん》に迷惑して、定聚《じょうじゅ》の数にいることをよろこばず、真証《しんしょう》の証《しょう》にちかづくことをたのしまず。はずべしいたむべし」

（『教行信証』信巻）

C・H　近角常観の書は大切だったでしょうけれども、古澤先生にとっての近角常観は思想だけではなく、人間として重要な存在であり、影響を与えた存在だったたんでしょうか。

永尾　そうでしょうね。古澤先生と近角常観先生が対話しているところに僕が居合わせたわけではありませんけれども、それは大切な存在であったと想像されますね。僕がお邪魔していた時は、もう近角常観先生は亡くなっていましたが。

生田　やはり、人間的に惚れこんでいたんじゃないですか。

永尾　それはもう人間的に重要だったんでしょうね。仏教というものは、一言で言うと御縁の宗教といわれます。人と人との出遇いが大切です。ただ本を読んだというだけでは生じないような深いものが感じられますね。特に善き師との出遇い。パトスとパトスの触れ合い。平たい言葉で言うと「反りが合う」ということが重要な鍵といえるでしょう。

C・H　古澤先生は戦争の時には、仕事をしていましたか。

永尾　仕事をしていたと思います。一日に一人か二人くらいだと思いますが、精神分析をしていたと思います。

生田　古澤先生としては、自分を求めている人がいる限り疎開せず、自分が空襲で死んでも東京に留まって治療をするという気持ちがあったからではないですか。ところで、古澤先生は日本の軍部、あるいは日本軍国主義に対してどう思っていたんですか。

永尾　政治に関してはあまり興味がなかったようですね。

C・H　前のお話でも、政治や社会問題に興味がなかったということでしたね。

生田　当時の水平社[注47]とか、部落解放運動[注48]とかにも興味がなかったですか。共産党は嫌いだと言っていたことは前のお話で聞きましたけれども。

永尾　どうも貧乏人と重なっていたようですね。自分は貧乏していながら……（笑）。

生田　そういうお話でしたね（笑）。

永尾　貧乏人が嫌いという理由は経済的差別ではなくて、貧乏人の心の中には「貧乏人コンプレックス」というものがある。裕福な人を妬むとか、焼き餅を焼くとかいうものがなかなか取れないと。分析の治療をするのにそれが障害になったんじゃないかな。もっとも、その頃は貧乏人が治療に来ているというのを聞いたことがなかったですから、当時は終戦直後でほとんどの国民が食べてゆくことに精一杯の時代で、貧乏人はそんなにノイローゼにはならなかったのかもしれないですね。先生の場合、政治とか思想上の問題としてではまったくなかったですね。日本人として天皇陛下を尊敬しておられました。

生田　自分は貧乏人だと思ってなかったんですね。

永尾　思ってなかったですね。

生田　精神貴族だったんですね。

永尾　「ボロは着てても心は錦」といったところでしょうか。それと同時に、やっぱり育ちが良かったんでしょう。生田先生のお話を聞くと、生家は旧家でかなりの

生田　資産家だったそうですね。
永尾　家督を継いだのは四兄の市郎さんなのですが、古澤先生は末っ子で家督は継いでいませんから、あまり裕福ではない。だから、ヨーロッパに行くお金や診療所をつくるお金はほとんど、そのお兄さんから援助してもらっていたようです。
生田　兄弟姉妹が十人いたということでしたか。
永尾　そうです。十人中の九番目です。
生田　そのお話は、古澤先生自身から僕はまったく聞いたことがありませんでした。
永尾　奥様とは見合い結婚だったんですか。裕福な家の方ですか。
生田　そういうお話も聞いたことがありません。奥様の話、はじめに戻ったわけですが、結局、奥様は奥ゆかしい、日本風の慎ましい方でした。
永尾　モデスト（modest）。
生田　そうそうモデスト、それで陰で先生を支えた方だったといえます。
永尾　ところで、古澤先生は新聞を取っていらっしゃいましたか。
生田　新聞を読んでいるところは見たことがないですね。そこまでは分かりませんが、新聞を買う経済的な余裕もなかったかもしれないですね。

生田　戦争中、例えばミッドウェー〔注49〕やガダルカナル〔注50〕がどうだこうだとか、時局も大変だなとか、そういうことも言わなかったですか。いよいよ日本も終わりかなとか。

永尾　僕が師事したのは昭和二十一年で終戦直後でしたから、戦争中のことはよく分かりません。

生田　ああ、だから戦争中は一緒にいなかったことになるわけですね。

永尾　そうです。

生田　では、戦争中の弟子は誰がいますか。または、戦前の弟子というのは。

永尾　年配の人でニイル〔注51〕の研究をしていた方がいました。

生田　霜田先生です。たしか古澤先生より年上ですね。

永尾　そうです、霜田静志先生〔注52〕ですね。

C・H　小此木先生〔前著注46（一一八頁）〕との関係はどんな感じでしたか。もちろん、古澤先生の弟子だったのですが、喧嘩をするようなことはありましたか。例えば、小此木先生は宗教についていて興味はあったけれども、実践者ではなかったわけですものね。

永尾　小此木さんは、あまり深く宗教に関心はなかったようですね。『甘えの構造』（弘文堂、一九七一）の土居さん〔前著注44（一一八頁）〕はカトリックでしたしね。それから、三浦岱栄先生〔前著注53（一二〇頁）〕もカトリックでしたね。

C・H　古澤先生と土居先生の関係は、ときどき悪かったと聞いています。でも、小此木先生との関係はスムーズでしたか。

永尾　二人はだいぶ年が離れていましたからね。小此木さんは僕よりも五歳ほど若かったですね、もう亡くなったけれども。古澤先生が、「最近、慶應から若い優秀な学生が僕のところに来ているけど、何ていう名前だったかなあ」と、当初は小此木さんの名前がときどき出てこなかったことがありました。その後だんだん、親密になっていかれましたね。後世になってからは「阿闍世コンプレックス」というと、むしろ小此木さんの説みたいな印象をもたれているくらいです。古澤先生は、あまり論文を書かなかったから。

C・H　でも、岩田文昭先生のお話では、小此木先生の阿闍世コンプレックスと古澤先生の阿闍世コンプレックスとは結構違ってくるみたいですね（本書、岩田「解題」一八三頁参照）。それは永尾先生も同じように思っていますか。

永尾　僕は、阿闍世コンプレックスの小此木論というのはあまり良くは知りません。逆に先生方にお聞きしますが、古澤先生の阿闍世コンプレックスとは違ってきていますか。

生田　ストーリーを一貫させるために、小此木先生が阿闍世コンプレックスの話を変えているんですよ。でも、それをちゃんと明示しているんです。自分の阿闍世コンプレックスは「古澤‐小此木版阿闍世物語」［注53］であるという形でお話をまとめているんです。それは隠れてやっているわけではないから、話は通じるようになっているんです。

永尾　僕は前にも申しましたように、阿闍世コンプレックスについては「恩についての反逆というものを人間は持っている」と解釈しているんです。セネカはかつての教え子ネロに投獄され、死に追いやられた。セネカは投獄される前に次のように語っています。「ネロのあの残虐な性格からすれば、弟を殺し、母を殺し、妻を殺し、次は師を殺すよりほかないであろう」［注54］と。中国の法治論者であった韓非［注55］も最後は同じような運命を辿ったようです。

C・H　先ほど、電車の中でのすごく面白いエピソードが出てきたんですけれども、ほかにも古澤先生の性格がわかるようなエピソードはありますか。

永尾　恩とか恩義ということに対しては、古澤先生の思いは非常に強かったです。古澤先生の中学時代、たしか厚木中学だったと思いますが、その時分は倫理という授業があって、その倫理の先生が自分の恩師だと。その先生に挨拶に行こうと僕を連れていってくれました。あれは小田急線だったかな。そして、その駅の近くでイチゴを買って土産に持って行き、一緒に食べたんです。その先生はもう八十歳を超えていたと思います。その帰り道で古澤先生が、「あの先生のイチゴの食べ方を見ましたか。あれはエロスが吹き出ている食べ方です」と（笑）。

生田　おいしそうに食べたということですか。

永尾　そう、おいしそうにパクパク食べていました。あれが命の根源、エロスだと言っていました。

C・H　そういった、人の日常生活のことを精神分析的に解説するということはよくあったんですか。

永尾　それはもう、ほとんどいつもそうだったんじゃないでしょうか。

C・H　何でも解説されていましたか。

永尾　そうでしたね。これはまた奥様の話に戻りますが、古澤先生のご家族と一緒に記念撮影をすることになった時に、奥様がなかなか出てきませんでした。その時に先生が凄い剣幕で「おーい、早く来んか！」と、奥にいる奥様を大声で怒鳴りつけました。そして、僕の方を見て、「女なんちゅうものは、こういう風にして指導しないと将来つけ上がってどうなるかわからん。これが女性リードの方法です」といったエピソードがありました。当時は日本の社会そのものがいわば、男尊女卑の風潮だったんです。当時、僕はまだ女性というものを良くを知らない時でしたから、「先生、ちょっと待ってください」と言って「女性リードの方法」なんてメモを取ったんです（笑）。

C・H　分析する時は優しかったですか。

永尾　分析の時はそんな風じゃなかったですね。

C・H　分析の時はどんな感じでしたか。

永尾　ほとんど話さない。聞き役が主でした。自由連想で、相手に話させていました。話が途切れて静寂な無言の時間が流れることもありました。そんな時、「あなたはどんなことでも言ってください。それに対して僕は話をすることもあるし、話をしないこともあります。あなたは何を言ってもいいです。永尾しゃん、どうぞ」と言って、時には先生は爪楊枝を使って歯を掃除していることもありました。そんな時、僕は「ちゃんと話を聞いているのかな」と何やら不安に思うこともありましたね（笑）。

C・H　瀬戸内寂聴さん〔前著注26（一一三頁）〕もそんなことを言っていました。分析が終わって自由連想を解釈する時は、どんな感じでしたか。

永尾　何かわからないけれども、とんでもない、そんなことはないだろうと思うような印象で聞いていたこともあり、その解釈というのは、「それは、あなたが小さい時にご両親がナニをしているのを見て、その時の興奮が今出てきているのです」と。精神分析的に言えば、過去の子どもの時分のすでに忘れ去られている記憶を蘇《よみが》えらせるということでしょうが〔注56〕、その時分にその説明を聞いても、「なるほど」とは思わなかったですね、むしろ「そんなばかな」と。

C・H　ああ、そうですか。その解釈に永尾先生は反対したことはありますか？

永尾　面と向かって反対したことはないです。内心では「とんでもないことを言っているな」と思うことはありました。また、分析終了の後で「便所をお借りしたい」と言ったら、「今日は、あなたは僕の顔に小便をかけに来たのですか！」と言われたこともありました。しかし、それが古澤先生の一つのテクニックだったのかもしれない。

C・H　刺激になるようにですか？

永尾　そう、刺激言葉でしょうかね。「昨夜家内とナニをして、今日は頭が痛いです」ということも。人間がノイローゼになっている根源には、過去に何か抑圧された性欲があるのであろうと。それを出させるテクニックということで、後になって考えてみると、それが先生の精神分析の一つのメソッドだったんではないかとも思うわけです。

生田　古澤先生が書いていることをみると、かなり教条的というか、あまりにもドグマティックな感じがしますね。現代ではあまり通用しないです。東京辺りのクリニックで今の話のような分析をやっても、患者はすぐ来なくなるでしょう(笑)。

永尾　たしかに、ややドグマティックでした。そんなことを言っているのは先生自身だけではないかという印象を持って聞いているわけで、「なるほど」というような感じはあまりなかったです。

C・H　その先生の解釈はクライエントにはあまり役に立たなかったですか。

永尾　いや、役に立たなかったことだと断言はできないですね。何らかの影響があったのかもしれません。先生の一種のテクニックだったのか、あるいは僕自身が古澤先生のキャラクターに惹かれていたのか、精神科の治療という点においては、やはりそういうものがあるんじゃないでしょうか。いかに説明が上手だとしてても、キャラクターの合致というか、先ほどコンパッションと言いましたが、それがないとやはり治っていかないと思うのですが、どうでしょうか。

生田　説明で治ったというよりも、やっぱり人間と人間との相互作用というか、「この人なら信用できそうだな」というお互いの総体的な関係で良くなっていくのではないですかね。

永尾　そうですね。そういうような点が古澤先生にはあります。それが先生の特徴というか、直感的でドグマティックではあったかもしれませんが、それが間違いだったとは思いません。それが古澤流精神分析の特色だったと思います。

C・H　古澤先生の解釈を聞く時に、コンパッションは感じたんですか。その解釈に温かい気持ちとか、そういう影響はどのように感じましたか。

永尾　それは後になって感じたのであって、その時その場にいて良かったとかいう印象はあまりなかったですね。私自身、教育分析［注57］を受けた当時、二十歳そこそこの若者でしたが、古澤先生に対しては、これこそ人間の理想像としての尊敬の念を持っていました。「あなたは仏になった！」というようなことを教育分析で最終的に言われたりした時には、こちらも嬉しかったですね。先生もこれをテクニックとして言っているのではなくて、本当にそう思って言っておられると。それに打たれて嬉しかったんだと思います。喜怒哀楽を直感的に感じるのと同時に、それを率直に顔や言葉に表す方であったんですね。フリーアソシエーションで、「古澤先生は沢庵のような感じがする」と僕が言った時に、「それを聞いて大変嬉しい」と喜ばれました。おそらく自分の気持ちをそのまま、ありのままに表現しておられると思いました。

C・H　また違った質問になりますけれども、お父さんとして子どもに対してはどんな父親でしたか。

永尾　もう、普通のお父さんでしたね。

C・H　すごく厳しかったとか、自分の子どもたちのことを精神分析的に解釈することはありましたか。

永尾　それはどうでしょうね。息子の頼雄さんなどが、お父さんのことをどういう風に思っていたかということですね。それとか、その頼雄さんの息子の眞《まこと》さんが、

「うちのお爺さんはこういうような人だった」という受け継ぎがないとわからないでしょう。「うちのお爺さんは凄い人だったんですよ」というような言葉が孫の眞さんから聞けましたか。それによって逆に子どもに対する接し方がどうだったかわかるんじゃないでしょうか。僕は、一人の弟子として先生を見る場合に、誠に有り難い先生であったと今でも思っています。サディスティックな、ドグマティックな面がたしかにあったかもしれないけれども、率直な喜怒哀楽、その表現力、それが先生のキャラクターであり、「無作為の作」といいますか、「ありのまま」。それが期せずしてテクニックになっていたんじゃないかと思います。だから、先生が患者と対面した時の率直な感情やその表現によって、治る人は治るという傾向があったんじゃないかと思いますね。

生田　少なくとも、子どもには悪い影響は与えてはいないはずですよ。

永尾　そうですね。

生田　だって、頼雄さんは発達心理学の教授になりましたから、広い意味で父と似たような心理学の一分野だから、親が憎ければそんな分野にはいかないでしょう。

永尾　いけませんね、逆のことになりますからね。だから結局、古澤先生の人格が息子の頼雄さんの中にも阿闍世コンプレックスが見事に克服された状態で受け継がれていったというのが、古澤先生の家庭の中における姿だったんじゃないでしょうか。

四——人それぞれ　特殊の機　女性らしさ

C・H　先ほど古澤先生の女性に対する態度のことを話していただいたんですけれども、古澤先生にとっては、これからの日本の精神分析に女性の精神分析家も大切だと思っていましたか。お弟子さんたちも、木田恵子さん〔前著注41（一一七頁）〕以外はほとんどが男性でしたよね。でも、女性にもやってほしいと強く思っていたわけではないでしょうか。

永尾　まあ、奥様のことで先ほど、慎ましい人であったと言いましたね。慎ましさ、モデストでしたね。慎ましいことが女性としての美徳であると、そういう感覚は西欧にもあるでしょうか。

C・H　ええ、まあ、はい。

永尾　ありますか。出しゃばらないこと。先ほど、陰とも言いましたが、陰の力として先生を支えたのが奥様でした。夫が精神分析学会の会長になった〔注58〕からといって、先生と腕を組んで段に上がっていくというような奥様ではありません。また、そういうことは古澤先生も好まなかったし、したことはないですね。精神分析の表側には奥様はまったく出ませんでした。会計にも出ないし受付にも出ない。社会的にもまったく表舞台に出るといったことはないただ陰の人でした。

C・H 例えば、イギリスではメラニー・クライン［注59］とかアンナ・フロイト［注60］とかいましたよね、古澤は日本のメラニー・クラインとかアンナ・フロイトとかは求めていなかったんですか？ やっぱり、女性の精神分析家も大切だとは思ってはいなかったのですか？

永尾 うーん。女性の精神分析家というものについて、大切だとか大切ではないとかということを、直接言っておられたことはないですね。奥様に対しても、父権的というと封建的のようなんだけれども、そんな指導に奥様はニコニコ笑って従っておられました。「お父さん、何を言うんです。いい加減にしてください。それは間違っています、ノー！」とか言うタイプの女性ではなかったということです。古澤先生の仕込みだけでそうなったのではなくて、それが奥様のキャラクターでもあったでしょう。当時の日本の女性というのは、従来の家族制度の中では従うことが女性の美徳として尊重されていたんです。決して軽んじられていたわけではないです。自己主張をするなんていうのはとんでもないこと。

むしろ、黙って従っていることが望ましい。ということで、今回のこの質問について、僕はこういうことを言いたかったんです。これはアメリカから日本に帰化したドナルド・キーンさん[注61]も日本の「奥ゆかしさ」や「もののあはれ」というようなものに惹かれて日本が好きになったらしいですね。奥さんはたしか日本人だったかな?

生田　いや、生涯独身を貫いているようですが、日本の男性と養子縁組したようです。

永尾　じゃあ、日本の女性と結婚したハーディング先生とは違いますね。

C・H　(笑)

永尾　でも、ドナルド・キーンさんはそういう日本の奥ゆかしさ、日本の良さというものに憧れておいでになった。まあ、昔の西行[注62]や世阿弥[注63]、芭蕉[注64]、近くでは森鷗外[注65]や谷崎潤一郎、[注66]川端康成[注67]などの本を読んで、なおさらそういうことを感じたんでしょうね。

C・H　その点で、戦後のアメリカの影響などによって、そのような文化が変わってくるおそれはありましたか。

永尾　変わって来ましたね。女性は慎ましく陰の力になるなんて言うと、女性の人権無視と言われるような時代になってきたんじゃないでしょうか。ところが、その奥ゆかしい、慎ましい、表に出ない、陰の力といったようなものを美徳として考えるという思想には仏教の影響もあり、日本の伝統的な文化でもあったと申せましょう。

C・H　そういうことがアメリカの影響で変わってくるかもしれないと、古澤先生は心配されていましたか。

永尾　まだその頃には、特にそういうことを心配するほどではなかったけれども、奥様を叱り飛ばす姿勢、その反面「乳《にゅうび》麋庵《あん》」のおつたという女性〔前著（六六・六八頁）〕に対しては、釈尊のようだと褒め称えておられました。ですから、決して女性を軽視していたわけではないです。慎ましく生きることで女性は女性としての美しさや力を発揮できるんだという気持ちが強かったんでしょうね。

生田　古澤先生の奥様との間には、圧倒的な学歴の違いがあるんじゃないですか。古澤先生は旧帝大卒でしょう。フロイトに学んだ洋行帰りですから。奥様はそんなに学歴が高い方ではなかったんじゃないかと思いますが。

永尾　奥様の学歴などについてはまったく知りませんが、とにかく日本的女性でした。それが美徳であるのかそうでないのか、時代によって見方が違ってくると思います。僕が禅の和尚に似ていると言ったら古澤先生は喜ばれましたが、とにかく仏教の偉い人に対してはみんな同じように尊敬しておられましたね。特に宗派について、日蓮はいかんとか、生長の家〔前著注48（一一九頁）参照〕はいかんとか、念仏でなければいかんなどということはないし、お題目でも良いと書いてあるくらいです。お題目といえば南無妙法蓮華経、日蓮ですね。キリストは駄目だとか、そういう宗教に対しての差別的な批判や発言は全然なかった。三浦岱栄先生、土居健郎先生がカトリックであったことに対しても何ら批判はしませんでした。おそらくそういう気持ちは何もなかったでしょう。政治に対しても、軍国主義はいかんとか、今の政治はいかんとか、政党・議会がどうだとか、そういうようなことにはまったく無関心でしたね。

生田　超越していたんですね。

永尾　そう、超越していたと言ってもいいかもしれない。政治のこと、経済のことも超越していたんです。だから貧乏していた。しかし超えているからこそ包むこともできると言えるんじゃないでしょうか。

C・H　家庭の経済のことは奥様に任せていたんですか。

永尾　そう思います。先生は唯《ただ》、精神分析一筋の方だったと申せましょう。ところで、古澤先生の話から少し離れて、私ごとになりますが、古澤先生の「親鸞の心がないといけない」というそのお言葉もあり、やがて僕は金子大榮先生のもとに行くようになりました。そこで一緒に記念写真を撮ることになったことがあるんです。奥様が身支度などあって、なかなかすぐに出て来られなかった。その時の金子先生は、「女性には女性の世界がありますからねぇ」と、呟《つぶや》くようにおっしゃったんです。

C・H　優しい言葉ですね。

永尾　かつての古澤先生の時と同じような状況になったんです。で、古澤先生は「早くこっちに来んか」と奥へ向かって呼ばれたのです。そこに僕は、同じ仏教でも禅や日蓮と、念仏との違いがあるように思ったんです。先ほど申しましたが、禅は男性的です。「早くこっちに来い！」となります。電車の中で母親に説教をしたり、税務署に乗り込んで行ったり。これはある程度武士道的というか、男性的ですね。ところが、金子先生のように「女性には女性の世界がありますからねぇ」という言葉はたいそう優しい。どちらかというと女性的な感じといえるようですね。

C・H　なるほど、はい。

永尾　禅の「叱る」に対して、念仏は「包む」。特殊の機を包んでいる。そういうニュアンスの違いが禅と念仏にはあるんじゃないかと思います。そして、ハーディング先生が研究した鈴木大拙先生はどちらかというと禅の方です。禅の鈴木大拙、念仏の金子大榮と言われています。男性的というと太陽。そして、女性的というと陰としての月。だから、太陽を拝むか、月を拝むかという違いです。太陽の方は陽で、月の方は陰ですね。どちらを拝むかという感覚の違いがあると思います。鈴木大拙先生は晩年、岡村奈穂子［注68］という身の回りのお世話人がいて、毎朝髭を剃りながら朝日が昇るのを見て、「奈穂子さん、ご本願が上がってきたぞ」と言っていたそうです。どちらが良いとか悪いとかではありません。人それぞれによって、受け止め方の違いがあるのは当然ですが、一般概念として言えば念仏は女性的であり、陰であり、月の光であり、そこには「包む働き」が感じられます。ベートーヴェンの最後の第九交響曲〔注69〕ができたのは、「月光の曲」〔注70〕があり、「エリーゼのために」〔注71〕があった。そういうような土台の流れがあって初めて第九シンフォニー第四楽章のフロイデ（Freude歓喜）が出てきた。念仏にも流れがある。念仏は禅に反対はしない。僕自身はどうも念仏の方が宗教としては性《しょう》に会う。禅は男性的で、「笑って死んでいく」、「火の中に入っても熱くない」……でも、火の中に入ったらやっぱり熱いと思うんですよ（笑）。誰でも死ぬのは嫌じゃないでしょうか。

一同　（笑）

永尾　禅をしていれば「笑って死んでいく」とか、「火もまた涼し」なんていうのは、どうも武士道精神というか、あるいは特攻精神というか、もしかしたら三島由紀夫［注72］なんかもその口だったかもしれないと思いますね。先ほども申しましたが、どっちが良いとか悪いとかいうんじゃなくて、禅は「悟る」であり、念仏は「救われる」の違いがあるようですね。

C・H 自力か他力かということですね。

永尾 そうです。禅は自力で私が悟ったという形になる。念仏は阿弥陀、弥陀の本願が主体になります。繰り返しになりますが、笑って死んでいくというような方は、どうも男性的であり武士道的、サムライ、特攻精神とかね。で、女性的という方は陰の力、月の光を寂光《じゃっこう》で表しますね。明るさというものをどちらで感じるか。昼間の太陽のカンカンしている方を明るいと感じる人と、真っ暗い闇の中で闇を闇と知らしめる月の光、あれが本当の明るさというものだと感じる人と二通りあると思います。しかし、優しさとか奥ゆかしさ、慎ましさという感情、女性的ではあっても、そこに宗教的なものがあるように僕は思います。「包む」という働き。そしてそれは最後はどうなっていくのか。アイ（I）もなければユー（you）もない。ただサンク（thank）の世界ということ。そのサンクの世界というものが出てくるところに……ね。そこまでいくと「なぜそうなるのか」ということを聞きたくなるんじゃないでしょうか。それを答えているのが「一如実相《いちにょじっそう》」、つまり「そうなっているんだ」ということ。「そうなっているからだ」というのが答えであり念仏なんです。「大自然の道理に手を合わせて拝めば救われるようになっているんだ」ということ。救われるとは何か。その内面感情は、「私が悪うございました」ということ。「私が悪うございました」という懺悔の心がそのまま一切に向かって、「有り難うございます」という心なんだと。そこに歓びがあり、そしてそれが幸せであり、安らかな生活に向かっていくんだと。そういうところへ持って行くのが念仏の教え、それが親鸞の心というものではないでしょうか。

C・H　興味深いお話を有り難うございました。

永尾　いやいや。僕も数え年で言うと九十歳で、卒寿のお祝いで来てくれたと言われてもあまり嬉しくないですが、こうしてお話を聞いてくださる方がいらっしゃるということは、お話ができるということで非常な喜びを感じるんですよ。今日は本当にもう嬉しくてね。そして、今お話ししておかないと今度はいつになるか。皆が祝ってくれるけれども、自分も高齢となり内心は認知症に近いんじゃないか（笑）。一期一会と言いますけれども、今日お話をしておかないと言いたいことを言わずに終わってしまう。つまり完全燃焼できないことになります。そういう意味で完全燃焼できたと言いますか、一人で話したようで誠に申し訳ないですが、心から感謝いたします。ところで、ハーディング先生は京都に行かれた時に、瀬戸内寂聴さんに会いましたか。

C・H　はい、会いました［注73］。

永尾　古澤先生に分析治療を受けた時は、どんな感じだったと言っていましたか。

C・H　古澤先生はとても優しい方だったということでした。その優しさに救われたと言っていました。

永尾　優しかったですか。そうすると、古澤先生が脳卒中をされた後のことになりますか。

C・H　一九六四年だったと思います。

生田　亡くなる四年前ですね。

永尾　それですと、北見芳雄〔前著注55（一一二頁）〕さんが言っていましたけれど、まるで仏様みたいになっていた時ですね。僕の会っている頃の古澤先生は五十代前半で、正に男盛りの真っ最中で精悍でドグマティック、時にはサディスティックに感じられることもありました（笑）。

C・H　やはり、脳卒中をされてから変わってきたんですよね。

永尾　医学的に脳卒中の後遺症でそうなったというよりも、古澤先生の本来の人格が晩年になって出てきたという方が、僕にはピッタリしますね。

生田　瀬戸内さんは小説〔前著注26（一一三頁）〕にも書いているんです。自分が主人公の自伝的小説ですが、恋愛関係の縺《もつ》れでどうにもならなくなって、精神分析の先生のところに行ったと。そして、その先生はただ話を聞いてくれるだけで、話している途中に顔を見るとあたかも眠っているように目を瞑《つむ》っていて、何だか仏像の前で話をしているような感じがして、それだけでもありがたかったということです。

永尾　ああ、なるほど。有り難かったという結びがあるわけですか。それは精神治療のキーポイントではないですかね。その先生の顔を見て、あるいはお話を聞いて、それだけで有り難かったと。その気持ちが起こった時に、病気は回復するんじゃないでしょうか。

生田　治療に行ったということは、本人が求めて行ったわけですから。半分はもう良くなっているんですよね。

永尾　そうですね。結局、問いを持った時に答えが出るというのは、問わない人には答えは出ないということですよね。まあ、人生とは何かという問いが出るということは、それが答えであるというようなものではないでしょうか。自分は苦しい。何とかして治りたいというその気持ちが出ることが治る道を辿っているわけだから。だから、ユング派の河合隼雄〔前著注74（一二五頁）〕さんが言っている、「僕が治したんじゃない。本人が治っていくんだ」と。「なぜ治るかというと、それはわからない」と、そのようなことも言っていますね。こうしたから治ったというわけではなくて、治る人は治るし、治らない人は治らないというようにね。その人自身が自分で治るか治らないか決定するんだということを言っていますね。

C・H　古澤先生も同じような感じですかね。

永尾　それはそうでしょうね。まあ、治らない人もだいぶいたと思いますよ。治療の統計をとると、治った人の話は表に出るけれども、治らない人というのも同じようにあったんじゃないかと思いますよ。

C・H　古澤先生はほかの患者さんのことをあまり言わなかったですか。プライバシーのこともありますし。

永尾　言わなかったですね。ただ、おつたという女性のことで、詞なんかを作ったりしましたね。前回紹介したことがありましたが。

生田　乳糜庵の件ですね。

永尾　古澤先生の女性観というものの真髄はやっぱり「母恋し」ではないかな。奥様を叱り飛ばしたというと、表面上さぞ酷《ひど》い人みたいだけれども、そうではなくて、かえって女性や女性の力を尊んでいたんじゃないでしょうか。生田先生の調査から推しても、古澤先生自身のキャラクターとしては、むしろフェミニスト。女性に憧れていたんでしょうね。小さい時に乳母に育てられたということからみると、母親のおっぱいというものを非常に恋しがっていたと思います。

C・H　古澤先生の性格というと、女性的なところもあったらしいですが、永尾先生もそれを感じたことはありましたか。

永尾　そうですね。愛とか慈悲といった宗教そのものが本質的には女性的といえるかもしれません。「親鸞の心」に思いを寄せられたということ自体が先生の本質的な宗教感覚であり、それは女性的ともいえるんじゃないでしょうか。これは僕自身の観方ですが、「如来」の「如」という字は女偏に口と書きます。「如来」という字が「女の口から来る」ということは、如来の本願そのものが慈悲の心であり、「慈しむ」とか「悲しむ」というのは女性的表現と解釈できるんじゃないでしょうか。しかし、古澤先生自身は表面的には女性的というよりもむしろ、男性的と言っていいかな。まあ、怒ったり笑ったりするところは良く見たけれども、泣いたりしたところは見たことがないです。でも、僕と最後に別れた時は涙を流されました。七十歳、古希の祝いの時でした［注74］。その祝いに行った時に先生が僕に向かって、「永尾しゃんは、鈴木大拙先生のところに今も行っていますか」と言われたので、「鈴木大拙先生ではなくて、金子大榮先生です」と答えたら、「そうでしたね」と言ってポロポロと涙されました。そして、僕がその涙をハンカチで拭いてあげました。それが先生との最後の別れでした。

C・H　それは古澤先生が亡くなるどのくらい前でしたか。

永尾　亡くなったのは、確かその翌年だったと思います。

生田　そうですね。七十一歳で亡くなっていますね。

永尾　それにしても今は、世界中で起きているテロなんていうこと。あれも宗教の名のもとに行われているというのは変ですね。「神の掟に逆らう奴等は敵だからやっつけろ」という形ですから。戦争をなくすのが宗教であると思うんです。相手の立場を認めるということができるかできないかですね。僕自身の気持ちは仏教であろうとキリスト教であろうと、宗教であるならば皆一緒だと思っているんですけれども、つまり、特殊の機を認めるということ。そういうような思想をどこからいただいたかというと、やっぱり金子大榮先生の「女性には女性の世界がありますからねぇ」という言葉のパトスからですね。でも、やっぱり精神治療というのは難しいですね。こういう理論で治ったと説明するのはとても難しい。説明できないと言った方が良いかもしれませんね。「治した」ではなくて「治った」ですよ。「治した」と言い切る人は大したものです……というよりも一流ではないと言った方が適切かもしれません。「俺が治した」と言わない人が本当の専門家ではないでしょうか。

永尾　さっきの古澤流治療は、コンパッションというか面倒くさいことを言わなくてもこの人は治ったということを直観的に感じるというか、それでハーディング先生の話じゃないですが、大分治療期間が短いんじゃないかな。難かしい治療理論というよりも、勘《かん》というか、間《ま》も間《かん》ですからね。古澤先生には全部入っているでしょうね。それで先生が「あんたは治った！」というと、治ったような気持ちになるのですよ。

C・H　テクニックですか。

生田　いや、テクニックではないでしょう。昔、中世に王様が患者を治療したでしょう。王様が患者に触れると治ったのですよ、ロイヤル・タッチ［注75］ですね。王様は聖なる人なので、触れることによって奇跡の治癒が起きる。そういう風に治るのは、みな神経症圏の人ですね、精神病圏の人はそれでは治りません。古澤先生のところに来ていた人も、おおむね神経症圏の人だから。ヨーロッパでは一年も三年もかかる人も、エンドレスな治療関係もあったかもしれない。でも、日本では精神分析が導入されて間もないし、みんな持っている期待感、それに古澤先生が必ず治してやるぞという絶対的確信、それらが相俟《あいま》って一種の奇跡の治癒というか、機が熟したというか、魂と魂の触れ合いということが、古澤先生の時間と空間の中で起きたということではないのでしょうか。

永尾　結局、自ずから治っていくと言った方が良いでしょうね。ただそう言っただけでは、学説にはなりませんね、イットイズソウ（It is so）ではね、そうなっているから治っているのだというのでは。でも、実際に治っていくのは、まさに阿《あ》吽《うん》の呼吸で生田先生が言ったように治っていくということではないでしょうか。

生田　やはり、古澤先生の置かれた時代背景、時代精神（Zeitgeist）があったのではないでしょうか。だから、今古澤先生が生き返って、現代の東京で精神分析の開業をしたところで、そんなに流行《はや》らないしあまり治らないと思いますよ。

永尾　そうでしょうね、俺のこの理論で治ったんだと断言することは難しいでしょうね。「治した」ではなくて、「治った」でしょうね。さっきも言ったとおり「治した」という人は一流の人ではない。

五——自然の道理　自ずからなる　中動態

C・H　古澤先生は文学に関心はありましたか。

永尾　分析指導を受けていた頃、古事記のことを研究していると言っていましたね。本を読むなら、自然主義的な文学を読むようにと言っていました。川端康成とか谷崎潤一郎とか、そういう傾向の本のことじゃないかと思います。

C・H　大槻憲二〔前著注49（一一九頁）〕の場合は文学を精神分析的に解釈したんですが、古澤先生はそのことに興味はありましたか。

永尾　あまり何を読んだとか、誰の作品が良いとかいうことは聞きませんでした。フロイト先生一辺倒で、畳の縁《へり》を叩いてもフロイト先生でしたね。ただ、阿闍世コンプレックスがこれからの世界にとっては大きな位置付けになるだろうとは言っておられました。だからといってフロイトの説を批判するようなことではなくて、精神分析治療を身につけるためには、フロイト先生の著作を繰り返し読めばよいと。だから、あれほど偉い先生だから、自分の論文を理解しないわけはないと自分で決めつけていたという印象はありましたね。

C・H　これからの世界に阿闍世コンプレックスの方が必要だと感じたのは、時代問題として感じていたのでしょうか。

永尾　いや、時代問題としてではなくて、スピリチュアリズムといいますか、そういうような広い宗教的観点から言っておられたんだと思います。

生田　古澤先生自身が永尾先生に直接、阿闍世コンプレックスの話をしたことはあるんですか。

永尾　あります。そして、その提出した論文の日本文をお借りして見せていただいたことがあります。ただ当時は、その論文をみてあまり感動を受けたという記憶もありません。

生田　それは手書きでしたか。

永尾　そう、手書きでしたね。

生田　ところで、欧米の人と話をしても十分に伝わらないことに、日本語に自生的な動詞の相があるのです。ところが、それに対応するものが欧米語にないんです。例えば、「聴く」は能動態、「聴かされる」は受動態、しかし「聴こえる」は自ずから聴こえてくる、つまり中間ですね。「考える」は能動態、「考えさせられる」は受動態、でも自ずから考えが浮ぶというミシンクス（methinks）という言葉が古い英語にはあったそうですが。そういう受動と能動の中間の自生態が、日本語では日本人の考え方の中心的役割をしています。外と内の中間的領域で自ずから物事が成立してくる、自然に気持ちとか思いが浮かび上がってくる。「自ずから成る」。それが英語にはない。ところが、日本のものの考え方は、かなり中間の自ずからなるという。悟るとか、悟らされるじゃなくて、自ずから悟ってしまう。外と内の中間の中で自然に物事が成立するということ。それが欧米語にはない。

C・H　わかります。いろいろな言葉を一緒に併せないと、多分それは難しいでしょう。

生田　そういう自生的な中間の相を、言語学では中動態（middle voice）といいます。昔は英語にも中動態がありました［注76］。

C・H　初めて聞きます。

生田　そうですか。昔は英語にあったんですよ。英語では主語のイット（It）で、イットレインズ（it rains）というでしょ。私が雨を降らせるわけでも、変化を引き起こすわけでもなく、自ずから雨が降るわけですから。仮主語のイットの構文は中動態に近いですね。日本語ではミドルヴォイスに対応するのがおおむね自動詞、それが日本語の一番の要《かなめ》です。それがわからないと日本の心はわからない。何かインスピレーションが湧く、その能作主体はいまではその本人で「俺のアイデアだ」と主張しますが、古代ギリシアでは神がその人にアイデアを吹き込んで（インスパイアして）いたのですね。だからアイデアは自然に湧いてくるものなのです（生田、二〇一一）。

永尾　近頃ではだんだんと日本にもその中動態をなくした欧米流の考え方が輸入されてきていると思います。思想的にね。奥ゆかしいとか、陰の人ということはあまり良くないことであると。陰の人は美徳であるという考えがだんだんと変わってきています。女性でも表舞台に出て自己実現・自己主張をする方がベターであると。それから、生田先生の言われたことは、浄土真宗では「有無をはなるとのべたもう」（阿弥陀和讃第三首）と表しています。有るとか無いとか決めない。有るとか無いとかということは二元論になる。その二元論が結局相対となり、争いを生むことになります。親鸞は「善悪のふたつ総じてもて存知せざるなり」（『歎異抄』後序）と述べております。仏教では昔から「愚かになる」ことをもって宗教的理想と考えられていました[注77]。これは女性も男性も変わりありません。すべての人間に対して求められた仏教的な教えとして言われておりました。

C・H　なるほど。

永尾　だからね、「もののあはれ」とか「奥ゆかしい」とかいうのは、中動態にあたるわけですかね。ですからリファインというと、今は完全ではないが立派なものにする、改良するというイメージがありますけれども、そこにいくと「立派とは何か」という問題が鍵になるわけですね。真宗の心で言えば、「私は悪人でございます」ということ。言葉を変えれば「私は何も知らない愚か者でございます」というわけです。そこに出てくるものは、アンダースタンド（under-stand）です。ところが、立派になれ、偉くなれ、アップスタンド（up-stand）になれ、それが良いことであるという。また、イエスかノーか。そして、ダメなものは切り捨てろ、悪い奴はやっつけろという二元論的にものを割り切っていこうとするのが欧米流の形ではないかと思います。そして、日本でもだんだんと中間的な日本的な美を理解する人が少なくなってきたような気がします。

C・H　日本人も二元論の方に傾いてきたんですね。

永尾　そうです。

生田　でも、我々は昔から三元論の世界に住んでいますからね。私とあなたと、その間に必ず「間《あいだ》」があるんです。それがミドルヴォイス的な世界です。自ずからそうなってしまうわけです。何でこうなったんだと聞かれても答えようがない。

C・H　それは和辻哲郎［注78］と何か関係がある話ですか。

生田　和辻哲郎も「間」、「間柄」のことを言っていますね。でも「間《あいだ》」の概念で国際的に有名なのが木村敏先生［注79］ですね。ドイツ語ではその「間」は、ツヴィッシェン（zwischen）、英語でビトウィーン（between）です。その「間」と中動態は密接な関係があります。

永尾　そして、そのツヴィッシェンを仏教では「如《にょ》」と表しています。だから二元論ではなくて中間。どっちでもいいということ。どっちでもあるし、どっちでもないということです。欧米は曖昧と言いますね。イエスかノーかの中間ですからね。

生田　曖昧はアンビギュイティ（ambiguity）で、どちらかというとネガティヴな意味なんでしょ。

C・H　そうですね。多分、谷崎潤一郎はこういうことを「In Praise of Shadows」［注80］と言うんですけど、日本語では影の何とかと言うんですか。

永尾　影の力ですね。

C・H　影の力ですか。それは谷崎潤一郎はその点で日本的美として日本のことを褒《ほ》めていると思うんですけど、僕達はあまり慣れていないですから、不安になってしまうんですよ。

生田　日本では、曖昧ということはむしろプラスなんですよ。

C・H　今でもそうですか。

生田　もちろん、だんだん変ってきていますけれども。

永尾　仏教の教えはもともとネガティヴの教えと言っても良いと僕は思っております。

「諸行無常から入る教え」だからです。諸行無常ということは、平たく言えば「世の中はどうすることもできない」という「負の道」であるといえましょう。生とは何か。老病死がわかるということが答えです。生は偶然であり、死は必然です。その「必然の死」を明らかにする道を『歎異抄』では「ひとえに往生極楽の道を問い聞かんがためなり」と述べてあります。その道を超えていく力、そのパッションに包まれてアクションが生まれる。浄土真宗的に言うと、そのパッションがあって初めて真実のアクションが成り立つという構造になるわけです。包まれることによって円になるわけです。光輪無辺の道理ですね。そこに真実の人生のあり方があると受けとめています。親鸞はそれを「念仏者は無碍の一道なり」(『歎異抄』第七条)と述べています。

C・H　河合隼雄先生も同じようなことを言っていますね。

生田　『影の現象学』(一九七六)で。

C・H　そうそう。なるほど、同じことですか、その辺は非常に興味深いです。

永尾　影というと何かネガティヴな感じを受けますね、けれども、ネガティブではないがパッシヴではあると。負の道を歩む時、すでにパッシヴの力になっていることになりますね。そのネガティヴがパッシヴの力を生む。そのパッシヴ、パッションの力、それがアクティヴ、アクションに通じるものでしょう。今日は先生方との対話を通じて、そういう思いがますます強くなりました。こういうことをぜひ、世界に知らせてください。ジャパニーズ・スピリットというものを真にわかっている人は、欧米人としてはドナルド・キーンさんやサイデンステッカーさん［注81］あたりじゃないでしょうか。それだから、これからはハーディング先生のような方のお力でね、古澤式の精神分析の心というものがいかにして人類に広がっていくかということ。それこそが人類の救いなんだということを古澤先生は言いたかったんでしょうね、今にして思えば。

C・H　ありがとうございます。でも、今の欧米で日本人をそういう風に理解するんですよと言うことは難しい。ちょっとまだ差別なんじゃないですかと批判されそうです。

生田　いや、それは差別ではなくて区別ですよ。区別は英語で何と言うんですか。

C・H　区別はディスティンクション（distinction）、差別はディスクリミネーション（discrimination）です。でも、人間は人間だから差別でも区別でもしちゃダメですよと言われそうです。

生田　いや、区別はどうしても出てくるでしょう。肌の色だって区別はある。白だとかイエローだとかブラックだとか。性格的にもね。

C・H　それでもある意味、そのことを無視した方が良いと言われてしまうんです。

生田　タブーの領域ですか。

C・H　そう、タブーです。センシティヴな問題だと思います。

永尾　まあ、そういうところから言うと、金子大榮先生の「女性には女性の世界がありますからねぇ」という言葉がキーポイントになると思います。つまり、すべてを認めるということ。いまのお話のような差別がないということ。それは先ほど申しましたように「包む」ということに通じます。包むという働きは女性的といえます。すべての特殊性を包容する。平たく言うと認めるということになります。それはアンダースタンドに重なります。男性は包むというより、突き進む。だから、ハーディング先生が古澤先生の奥様について知りたいということが、結局はそこに到達するわけです。僕は非常に嬉しかった。良いところに目を付けられたと思いました。

C・H　良かったです。

六——感応療法　円融無碍

永尾　それだから、話したいことがいっぱい出てくるっていうのは、結局そこに行きたかったのです。「奥ゆかしい」、「陰／影の力」、「目に見えない力」。それは、エビデンスではないということです。これはエビデンスじゃないと信用できないという思想ではなくて、物語ベースということ。先ほどの言葉でいうと「陰／影の力」ということになるでしょう。「負の力」にも通じると思います。

生田　ナラティヴ・ベースト（narrative based）［注82］ですね。

永尾　ああ、ナラティヴ・ベーストですね。例えば辯圓の話。あれは後世の講釈者の話かもしれない。親鸞にそういう事実があったかどうかわからないけれども、悪人正機と言ってもわからないものが、それを物語ベースとして考えた場合にすっきりと胸に収まる。僕は君の賽銭箱の中に手を突っ込んでお賽銭を取っていたんだ、ということを思えば、僕の方こそ悪人であったというその物語を、古澤先生は自分の診療体験と重ねて感慨をもって話しておられましたね。それは二度ばかり聞きました。それが結局、古澤先生の精神分析の根本思想になったものと思われます。

生田　今、永尾先生がエビデンス（evidence）と言いましたが、ドイツ語にも同じようにエヴィンツ（Evidenz）という言葉があります。ただ、全然意味が違います。英語の意味は、「客観的な証明、証拠」ですよね。それに対してドイツ語の方では「主観的な、サブジェクティヴな確信」をいいます。だから、一例で良いんです。一例で「これは真理だ、トゥルース（truth）だ」と思ったら、それがエビデンツです。英語で強いて言えば、self-evidenceです。自分が主観的にそう確信したら、それですべてが尽きてしまう。しかも、エビデンスもエビデンツも両方ともラテン語（*evidens*）由来なんですけど、イギリスの方に行ったら客観的なことになってしまい、そしてドイツの方に行ったらまったく主観的なことになってしまったんです。北極と南極というか、北極と赤道くらい意味が違います。

C・H　今のドイツ語の科学の世界の中では、どういう言葉を使うんですか。

生田　本来、英語のエビデンスに対応するドイツ語は、証拠や証明の意味でナッハヴァイス（Nachweis）とかベレーク（Beleg）なんです。ところが最近では、ドイツ語のEvidenzが英語のevidenceの意味で、つまり科学的根拠の意味で使われ出しています。

C・H　なるほど。

生田　だから、英語のエヴィデンスが、ドイツ語のエビデンツの意味を侵食してきているのです。エビデンツを日本語で言うと「明証性」です。客観的証明はできないけれども、自分が絶対的に確信したらそれで完結です。ほとんど「悟り」に近いかな。哲学では「明証性」と言っています。

永尾　それは実に宗教的ですね。

生田　はい。

永尾　仏教では「一如実相《いちにょじっそう》」［注83］と表しています。今、日本の医学者たちが言う方はどちらですか。

生田　英語のエビデンスの方です。

永尾　顕微鏡で見てウイルスがいた。あるいは、CTでガン組織を見つけたということは、エビデンスの方になるわけですね。

生田　そうです、英語のエビデンスの方ですね。日本だけでなく、世界がそちらの方にいっていますね、この頃はドイツでも。

永尾　なるほど。それは面白いですね。それで、ドイツではそれを自ずからそうなっているということで決めていたということ。ということは、なぜそうなるかという結論は結局、イットイズソウ（It is so）ということですね。そうなっているから説明はいらないということ。イットウィルビーソウ（It will be so）にも通じるわけです。やがてはそうなるであろうということにね。イットシャルビーソウ（It shall be so）でも良いかもしれません。なぜそうなるであろうかということは、私が決めるのではなくて、如来が決めるのだと。今の言葉で言うと、自然が決めるということになります。「陰／影の力」の話が、本日は古澤先生の奥様の話から始まりましたが、その陰／影の力というものに重なってくるものがあるんです。陰／影の力とは何かというと、「そうあらしめている大自然の力」です。「如来の力」と言っても良い。これでやっぱり、人間は真実がわかるということです。真実の自己実現は普遍の法、如来を拝むことによってしか実現しえないというのが仏教の受け止め方です。東洋人も西洋人もない。アフリカ人もない。そこにいくとまったくノー差別です。それがどうも、「自分の力でそうなった」というように、自己実現とか自己主張といったような、現代解釈の方にいってしまっているような気がしますね。

生田　区別はありますけれどもね。

永尾　区別はあっても差別はない。つまり、「一切の特殊性を特殊のまま認める」ということになりますね。

C・H　こういうことを現代の日本の哲学者もいろいろ考えて書いているんでしょうか。

生田　探せばいると思いますよ。木村敏先生は純粋に思考というか、思想のレベルで言っています。政治などは一切論じないから。

永尾　トーマス・マンの、「フロイドと未来」〔注18〕という昔の本がありますが、読んだことはありますか。

生田　あります。

永尾　その中に「フロイド批判」というものを述べていますね。フロイトは素晴らしいけれども、フロイトに対して一つ言いたいことがあると。それは何かというと、哲学が足りないということ。先ほど言ったように、ニーチェ辺りの本を読めばそこにフロイトの思想というものがある。しかしフロイトは哲学とか宗教とかいうものを弱いものがすること、そしてそれは科学的な立場でないとして、それらを否定的に見ていたということです。弱いもの、いわば女性的なものとして見ていたんでしょう。しかし、先ほど述べたように女性的なものというものは宗教的であると僕は思います。それは女性を尊敬しているんですよ。軽視しているんじゃない。女性の包む力こそが本当の宗教の力だと思います。古澤先生の治療法は、「とろかし療法」[注84]だと弟子たちは言っているようですが、とろかし療法というと作為的で何だかムンテラみたいな感じでいい加減なことを言っているような印象を受けるから、僕はあまり好きではありませんね。

生田　ムンテラというのはわかりますか。

C・H　いいえ。

生田　ムンテラというのは、和製ドイツ語のムント・テラピー（Mund-Therapie）からきた言葉ですが。こんな言葉はドイツにはありません[注85]。ムントは英語でマウス（mouth）、だからマウス・セラピーです。患者さんを適当に口であしらう説明方法として、ちょっと悪い意味で使われることが多いです。医師仲間ではムンテラと言っていますね。

永尾　それでも、仏教の釈迦の説法というのも、ある意味において大切なムンテラですね。

生田　そうそう。偉い人のムンテラは、まさにキリストの教えや説教であったり、釈迦の説法であるともいえますね。でも、医者が安易にやれば、口先だけのごまかしのムンテラになるわけです（笑）。

永尾　いい加減なこととみなされるわけですね（笑）。

生田　ムンテラにも、超上級から最低級までいろいろあります。月とすっぽんです（笑）。普通は「多少ごまかして」とか「いい加減に」といったニュアンスもありますね。

永尾　欧米人の日本人非難として、日本人に何か言うと、「考えておきましょう」と言うといわれます。イエスかノーかと聞きたい人に対して、「そうですねぇ、考えておきましょう」というと如何にも曖昧であるけれども、しかし、それの良さは「喧嘩がない」ことです。そこに曖昧の美徳があるといえます(笑)。

生田　目の前の争いは避けるけれども、問題は先送りということになりますね(笑)。

永尾　日本の欠点とも言われているが、実は美徳でもあります。「争わない」。

生田　事を荒立てない。

永尾　ところが、その曖昧さがだんだんとなくなってきています。昔、慶應の精神科の三浦岱栄教授がいみじくも「精神分析は人を悪くする術」と言いました。人を悪くする術だということは、ある意味においては、そう解釈できないことでもありません。言葉とか理論というものは面白いもので、受け止め方によって善くもなるし悪くもなる。今の曖昧の美徳みたいなもので、良く解釈すれば事を荒立てない、争わない、穏便に収めることになる。端的に言うと、平和とは善意に物事を解釈することであり、宗教もそれに尽きると申せましょう。それにしても、生田先生やハーディング先生と今日ここでお会いして、このようなお話ができたことも誠に不思議ですよ。「誠に不思議だ」ということは日本の言葉で言うと、「有り難い」ということです。「有ること難し」ですね。「偶然の中に感じる必然性」とでも言ったらいいかな。

生田　「有り難い」という言葉の意味はわかりますか。イットイズインポッシブルトゥーイグジスト（It is impossible to exist）です。

C・H　イエス。三年前のお話でもありましたね。

永尾　そして、それは「親鸞の心」で言うと、悪人正機《あくにんしょうき》［注22］であると。「私が悪うございました」という「懺悔《さんげ》」。「懺悔」は「有り難うございました」の裏表です。「私が悪うございました」という「懺悔」なくして本当の「有り難う」はない。本当の「有り難う」は「懺悔」です。感謝とは「謝りを感ずる」という字ですものね。悪人正機によって初めて「有り難う」が出るというのが、親鸞の心と申せましょう。

C・H　なるほど。内観セラピーと関係ありそうな感じですね。吉本伊信《いしん》先生［前著注56（一二一頁）］の内観に初めて本当に「有り難う」が出てくるわけですね。本当に関係あると思います。

生田　それはあるでしょう。吉本伊信の創った大和内観研修所の今の所長の真栄城《まえしろ》さん［注86］が私の知人ですからご興味があれば紹介しますよ。
C・H　有り難うございます。
生田　吉本伊信の研修所を代々継承されて彼が三代目です。
C・H　そうですか。生田先生はやったことありますか。
生田　僕はないです。興味はあるけど自分がやる気はないです。自分がやったら恐い(笑)。いろいろ出てきそうで。
永尾　吉本伊信というのはどんな方ですか。
生田　内観療法を創始した方です。
永尾　吉本隆明《たかあき》［注87］とは違いますか。
生田　まったく違います。あの人は在野の哲学者です。吉本伊信は医者でもなくて、昔はレザークロス関係の仕事をして財をなした人です。
永尾　サイコセラピーですか。
生田　最初は、サイコセラピーとは何も関係ないです。もともとは、「人間いかに生きるべきか」という懊悩《おうのう》から生み出されたものです。今はサイコセラピーに位置付けられていますけれども、もともとは吉本自身の発心《ほっしん》から本格的な「身調べ」［注88］を受けて修行を積み重ね、転迷開悟して宿善開発《しゅくぜんかいほつ》に致りました。しかし、この内観の仕方を世に広めるために、まずは軍資金を用意しなければならないと、商売に専心して事業家として成功したのち、三十八歳で事業を後継者にすべて譲って、試行錯誤の中から内観を精神療法としての内観療法として確立し、大和郡山に研修所をつくり生涯その普及に人生を捧げた人でした。

永尾　古澤門下の友人に東京理科大学の北見芳雄先生［前著注55（一二一頁）］がおられました。あの先生は内観療法に非常に親和性が強くて。

生田　吉本先生とは関係ないですか。

永尾　関係はあります。吉本伊信にも会っていますね。で、北見先生が初めて「仏教精神分析」という言葉を使ったんです。文献があります（北見、一九七八a、b）。

生田　そうですか。おそらく北見先生も「とろかし療法」という言葉を使っているんじゃないかな。

永尾

生田　「とろかし」という言葉は、そもそも古澤先生が使っていますから。

永尾　自分で？

生田　自分で使っています。最初の論文（古澤、一九三二）で使っています。浄土真宗でいくと、親鸞の『教行信証』信巻の中に、信心とは何かについて説かれています。「円融無碍《えんゆうむげ》」です。「円」は円くなる。「融」は融ける。「無碍」とは障りがないということ。障りがないということはストレスがなくなるということ。ストレスがなくなるのと同時に「業繋《ごうけ》」コンプレックス［注89］も消えると浄土真宗では言っているわけです。それを「親鸞の心」と古澤先生は言っているわけでしょう。だから、念仏して親鸞の心になると、すべてのストレスやコンプレックスが消える。だからお念仏というものがあることによって、初めて治療が成功するんだというような流れになっているわけです。円融無碍の融はとけるですから、「とける」というのは自然の力によって自ずからとけてゆくという意味です。しかし、「とろかす」というと人為的な感じになりますから、

永尾　僕は「感応療法」と言いたいですね。

七——近代の精神療法

永尾　僕は年をとったからそういう余裕はないかもしれませんけれども、僕もその吉本伊信先生に会ってみたいですね。

生田　いや、吉本伊信はもう亡くなっています。なので、真栄城さんが後を継いでいます。吉本伊信は基本的には在野の人ですから、一切アカデミズムとは関わりがなかったのです。極端に言えば、商売人上がりの人が精神修養の内観研修所というものを立ち上げたんです。内観法の原型は、彼自身によって戦前につくられました。その効果がとてもすばらしいので、戦後には法務省でも認められて、刑務所や各種矯正施設でも導入されるようになりました。そういう所で講演を行って、もうどうにもならない犯罪者とか性格異常者、いわゆる精神病質者ですよね。やくざの組長とか、ああいう人たちはどうにも変えようがなかったでしょう。でも、内観療法を取り入れるとかなり変わる人が出てきて、今でも法務省ではいくつかの刑務所で内観療法を取り入れているようです。

永尾　皇太子妃の雅子様がその内観療法を受けていたんではないですか。

生田　いやいや、あれは認知行動療法（CBT）［注90］です。雅子様は、慶應の大野裕先

永尾　生［注91］が主治医のようです。

生田　あれは誰でしたかね。欧米の……。

永尾　ベック［注92］という人です、認知療法を始めたのは。あと、スキナー［注93］の行動療法［注94］を併せて認知行動療法です。

生田　認知行動療法はその言葉からみると、心身治療というか、サイコソマーテックに重なる印象がありますね。認知の方は心、行動は体の方ですね。行動を直すためには心を整えなければならないということ。これは、精神療法の基本でしょう。そして、行動の方に重きを置くのを男性的だと思います。心の方に重きを置くのは念仏だと思います。「精神論ではだめ、現実論でいこう」というのが現代的だと言っているような感じですね。先ほど申しましたように女性的であるといっても良いでしょう。

永尾　認知行動療法が世界を席巻しているんですよ。世界のサイコセラピーの主流はもうほとんどCBTなんですよ。どこに行ってもCBTばかりです。

生田　認知行動という言葉でみれば、サイコ・ソマティック・メディスン (psycho-somatic

medicine、心身医学）というのは、結局それに当たる感じですね。

生田　いや、なるかどうかわからないですけど、ただ、ＣＢＴも多分、今がピークだと思いますよ。これから下がっていくと思います。

C・H　その代わりはマインドフルネス（mindfulness）［注95］ですか。

生田　もちろんマインドフルネスもＣＢＴと拮抗はしてるけれども、広い意味では同じ陣営です。でも、それらは日本ではユング心理学と対立している。で、東大がＣＢＴで、京大がユング派です。

C・H　京大はまだユング［前著注17参照（一一〇頁）］ですか。

生田　いつまでもユングですよ、きっと。

C・H　ユングのブームはもうだんだんと消えてきていると思いますが。

生田　でも、日本では消えない。それは先ほど言った中動態があるから。日本ではユングは絶対消えない。河合隼雄［前著注74（一二五頁）］先生も力があったし。

C・H　河合隼雄先生の息子さんが今やっていますよね。

生田　そう、河合俊雄［注96］先生。私の学会の大会［注97］でお呼びしました。

永尾　河合隼雄先生のユング説の方が、僕はフロイト説よりも古澤先生の好みに合っている気がします。

C・H　古澤先生もユングに会えると良かったですよね。

永尾　そう。ユングに会えば良かった。

C・H　本当にそう思います。

永尾　ユングに会えばきっとユング派になっていたでしょう。

C・H　そうですね。ちょっと残念でしたね。

永尾　残念でした。ユング派というものが日本で流行りだしたのは、やはり河合隼雄先生の力が非常に大きいですね。ところで、先ほどの内観療法のことですが、日本で一番の元は禅の白隠《はくいん》禅師［注98］ですね。

生田　内観という言葉自体は白隠由来ですが、白隠は禅宗ですね。でも吉本は浄土真宗で、彼の内観は白隠の内観とは違うものです。

永尾　僕は若い頃、白隠禅師に憧れましてね、念仏に行く前は白隠とか西田幾多郎か、そちらの方だったと言っても良いでしょう。白隠の「座禅和讃」［注99］など暗記しているくらいです。「夢相の相を相として　行くも帰るも余所ならず　無念の念を念として　謡うも舞うも法の声　三昧無碍《ざんまいむげ》の空闊《ひら》く　四智円明《しちえんみょう》の月冴《さ》えん」と白隠さんは唱っています。結局、座禅和讃が内観療法の根本をついているんじゃないかと思うくらいね。

生田　浄土真宗のある宗派に吉本の受けた「身調べ」［注88］というものがあるのですよ。その身調べを改良して、誰にでもできるように簡略化したものが内観療法であると言われています。

永尾　それで白隠とは……。

生田　だからそれとの直接の関係はなくて、また浄土真宗の仏教色も抜けて、まったくニュートラルなものになっています。吉本伊信自身あまり学のある人ではありませんが、若い時に何回か身調べをして回心《えしん》体験を得て、それを世に広めるためにはまず財政的基盤が必要であると考え、一介の商人から身を起して相当の財を成した後に、本当に自分がやりたいこと、つまり内観で人々を救いたいという志を実現するために一生を捧げた人ですね。

永尾　ハーディング先生は吉本伊信のことを知っていましたか。

C・H　はい、少しだけ。

永尾　その方が内観療法の創出者ですか。

生田　はい。そして、その直系の弟子が真栄城さんで、彼は臨床心理の人です。彼がまだ若い時に吉本伊信を知って、直接会いに行って、その頃、吉本はもう大家だったのですが、心理検査をやらせてくださいとお願いして、吉本にロールシャッハ・テスト［注100］を受けてもらったそうです（笑）。

C・H　そうですか（笑）。

生田　「いいですよ、何でもやってください」と言って、吉本はいろいろな心理テストをやらせてくれたそうですよ。

永尾　しかし、真栄城先生は吉本伊信を尊敬しているんですね。

生田　尊敬しているんです。だから、吉本が亡くなった後に、研修所を継いだんです。

C・H　でも、どうしてもっと日本で内観療法が流行らないんでしょうか。

生田　そうでもないですよ、矯正施設、刑務所とか少年院などのような司法関係の施設でも、それ以上にアルコール依存や薬物依存（嗜癖《しへき》）の治療では盛んに用いられていますよ。

C・H　でも、内観ブームは全然ないですよね。

生田　手間暇かかるので、ブームにはなりにくいでしょうね。

C・H　それはどうしてでしょうか。やっぱり皆、もっと科学的なものが良いのでしょうか。

生田　今は認知行動療法が主流になっています。先ほど、お話ししたように雅子様の問題もあり、その主治医であると言われている慶應の大野先生が認知行動療法を唱導しているのですよ。そして今、うつ病が増えているでしょう。うつ病も認知行動療法が効くということになって保険適応もされました。それに国が、うつ病と認知行動療法に対してかなりの予算を付けて研究拠点［注101］を作っているんです。だから、かなり政治的にもなっていて、お金が付く方に皆が動くのです。精神科の問題というよりは、むしろ医療経済の問題でもあります［注102］。

永尾　そういうことは、古澤先生の最も関知しないところですね。

C・H　古澤先生は戦争の時でも政府に反対しているわけではなくて、自分の仕事に集中していたんですよね。

永尾　そうです。政治的な問題で激越な言論を聞いたことはありません。それから、経済や金銭問題についても同様です。だから彼は分析一筋、それで今、学問的に注目されるようになりいろいろ研究されている、そこが彼の美徳ですよ。そして、その古澤先生を支えたのが奥様の陰の力であるということは想像できるということを言いたいですね。

C・H　そうですか。

永尾　女性はどちらかというと、「鬼平《おにへい》犯科帳」［注103］に登場する長谷川平蔵の奥さんのように、いつも控えめで夫を責めるのではなくて、ちょっとした女性らしさが出るんですよ。「またお父さんはそんなことを言って、どこかいいところにいらっしゃるんじゃないの」といったようにやんわりと言い、それはいかん「オーノー」といったような、決めつけるような、しゃしゃり出るような表現はない。

昔はそれが日本の女性の美徳とされていたわけです。まあ、嫌なことがあっても夫の言うことには従うという、その思想はどこから出て来たかというと、やはり仏教でしょう。仏教には「五障《ごしょう》三従《さんしょう》」といって、女性には「五つの障《さわ》り」と「三つの従う」があります[注104]。五障の方は仏教で言うと煩悩と言います。煩《わずら》いや悩みのことです。煩いや悩みが多いということは、歎異抄では煩悩《ぼんのう》熾盛《しじょう》（『歎異抄』第一条）といっています。煩い悩みが多いということが即、悪人であり、それが悪人正機なんです。ということは、よく考えてみると実は女性を尊敬しているんです。決して女性を差別していないし、男尊女卑でもないです。女性的な方が浄土真宗、念仏の教えに即していると言っても良いでしょう。なぜかというと、すべてのものを包む。結論は、「それでいいんだ」というところへ入っているから、イットイズソウ、イットウィルビーソウ（It is so, it will be so）です。それが女性的なもの。言葉を変えれば柔軟性といって良いでしょう。「気に入らぬ　風もあろうに　柳かな」という江戸時代の仙厓《せんがい》和尚[注105]の句があります。気に入らない風があろうとも柳はどっちにでもそよそよと風情を保っているということ。善いとか悪いとか、こちらだあちらだと決めないで、それも結構ですね、これも結構ですねと、すべてを受け入れる。それは、柔軟性ということになります。その柔軟性というものがすべてを包むんです。それは女性的であるといえるでしょう。女性は柔軟性。五障三従の五つの障りとは煩悩が多いということ。平たく言えば、女性は生活の上にあれこれ苦労が多いということです。三従とは、「幼にしては親に従え　嫁しては夫に従え　老いては子に従え」という諺《ことわざ》があるんですが、この従うことによって初めて、「女性らしさ」というものが出てくると言われています。そして、その「らしさ」というものが日本の美であると。先ほど、エビデンスと言いましたが、青を表すのは科学です。分析によって青はこうだ、これとこれを合わせることによって青が出るということ、青そのものの成分を証明するというのが実体証明であるわけです。しかし、青さとか青らしさを出せといっても科学では出せない。

生田　ブルーを出すのは科学であり、ブルーネスを出すのは物語であるということですね。

C・H　なるほど。

永尾　そして、女性らしさを持ったのが古澤先生の奥様だったということです。そして、それが日本の女性観であったわけです。その女性観というものを男尊女卑であるとみるのが欧米思想ということがいえるかもしれない。欧米出身のハーディング先生にそんなことを言っては悪いけれども、男か女かはっきりせよという形ではなくて、「女性的」というものの中に「女らしさ」を認めて、そして、その女らしさの方に、すべてを包んでいく働きを認めるということです。その「らしさ」というのを「如来」といっていいでしょう。そして、その如来というものは何かというと、実体ではないが実相であるといえるでしょう。

C・H　実相？

永尾　実体はエビデンスだとすれば、実相は物語です。実相を証明せよと言われても、それはできません。

生田　エビデンスはできるけどエビデンツはできないということです。

永尾　そうです。そうなっているとしかいえない。今日もこれまでいろいろお話ししてきましたが、いくらか僕も今日は躁に偏っていたかもしれません。マニーとデプレッション［注106］で、マニーの方に今傾いているようなね。（笑）

生田　今日だけね、トゥディ・オンリー・ハイポマニック（Today only hypomanic、今日だけ軽躁状態）（笑）。

八——歓喜　拝む心　永遠と現在

永尾　生田先生はマニーとデプレッションのことを良く知っておられます（笑）。しかし、『歎異抄』第九条で言われるように、信心の世界とは歓喜の心であり、天に踊り地に踊るほど喜ぶべきこと。やっぱりそういうものじゃないでしょうかね。喜びというのは自ずから湧いてくるものですから。

生田　中動態、ミドルボイス。

永尾　自ずから湧いてくるもの。それをもってトゥルース（truth 真実）といっているんですね。真実と正確とは違うということ。正確を求めることは科学の世界であるかもしれません。科学の世界で説明できないものがトゥルースです。宗教の世界ではトゥルースとしてそれを拝むというか、信じるというか、それが親鸞の心です。それを書いてあるのが『教行信証』。そして現生《げんしょう》利益《りやく》という言葉ですね。仏教では利益《りやく》といいます。この頃は利益《りやく》、俗っぽい言葉でいうと「儲《もう》け」といっていますね。儲けというとお金が入ることのように思いますが、人生そのものに儲けがあるということが念仏の利益であると申せましょう。「儲ける」ということは自力的で、どちらかというと男性的です。「儲かる」というのは自ずからなる道理です。「儲け」という字は「信じる者」と書きますが、信じるということとは大自然の道理、如来の御心を「いただく心」であり、それは「受け賜わる」と言います。現代は「踏まえる」と言います。すべてを知的に解釈する姿勢です。親鸞の教えを踏まえて……というのは本物ではありません。親鸞の教え、如来の教えは受け賜わるものでなければいけません。受け賜わることによってそれは真実、トゥルースになるわけです。その姿勢がなく、親鸞の教えを踏まえるというのは知的解釈の立場であって、踏まえていては宗教にならないし、救いにならない。「拝む心・いただく姿勢」でなければ信心にはなりません。病気も治りません。

C・H　大事な宗教的な話が聞けてとても有り難いことです。

永尾　宗教的な話を聞こうというその姿勢が有り難いことです。その姿勢こそが信心なんです。信心の到達点は何かというと、聞くということです。それは永遠の問いといっても良いでしょう。エンドがない問いです。エンドがあると限りがあり、有限になります。この世のことはすべて有限ですが、あの世はこの世を超えてエンドがない、エンドレスなればこそ無限です。その限りのない世界のことを浄土といいます。

C・H　限りのない世界というのは仏教的な表現ですか。それとも普通の表現ですか。

永尾　これは仏教的でもあるけれども、哲学的表現だともいえるでしょう。ショーペンハウエルにしても、カント［注107］あるいはニーチェにしても、おそらく哲学のオーソリティーというものは、その「無限の世界」を摑《つか》もうとしている。あるいは感じていたのではないかと思いますね。感じていてそれを表現したかったのだろうと思います。フロイト［前著注13（一〇九頁）］もそうではあったけれども、なぜかフロイトは弱きものとして嫌っていた。ということは、フロイトのキャラクターが男性的であったのだと思いますね。古澤先生は表面はドグマティッシュで男性的であったようですけれども、心の中は女性的なもので親鸞の心を摑んだのだと思います。ユングを広めた河合隼雄先生は、その「女性的なもの」を「グレートマザー」［注108］として摑んでいたようですね。

生田　アニマですね、アニムスとアニマ［注109］の。

永尾　ところで、生田先生は明日も外来診察があるんですか。

生田　はい、だいたい三〜四十人くらいですね。

永尾　それでは薬物療法〔注110〕を行いますよね。古澤先生のように精神分析を一時間もかけてやっていては、一日四十人はとても診察できませんものね。そして、それはそれでいいんでしょう。古澤先生も今なら絶対ダメだとは言わないと思います。しかし、それは薬物療法であって精神療法〔注111〕であるとは言わないと思います。精神療法と薬物療法はアンチではないけれども、一緒になって行えば効果が上がるということですね。

生田　薬物療法には、うまいムンテラも必要ですね。

永尾　精神療法というものには、ムンテラがあって良いんですよ。それが一つのテクニックです。テクニックであるからといって非難できない。内観療法であっても認知行動療法であっても、これはやはりムンテラも加味しないと効果は出てこないでしょう。「永尾しゃーん。あなたは今、仏になった！」という言葉は、古澤先生の本音でもあるし、ムントテラピーでもあるわけ。それで僕も気持ち良くなって治ったという事実があります。だから先生が単にテクニックとして言ったのならば、おそらくコンパッションはないと思います。それが「あなたは今、仏になった！」ということは、一つの大きなムンテラであったともいえましょう。古澤先生のありのままの率直な人柄というものが、自ずから人を救うことになっていったという、それが古澤療法というか、先生が御自身で言っているのなら、「とろかし療法」と言っても良いのでしょう。「とろかし」というと何だか人を騙しているみたいな印象がしてどうかと思ったんですけど、そうではなくて、セラピストの表現が相手に伝わることによってハイレン（heilen治癒）されるということ。それが、仏教の救われたということに合致するとすれば、それは素晴らしい感応療法であると言えましょう。

生田　いや、ところがCBT（認知行動療法）が世界を席巻していると言いましたが、僕は認知行動療法はいずれ下り坂になると思っていまして、その一番の理由はCBTは基本的に過去を問わないんです、一切過去を問わない。精神分析は過去を問いますよね。

永尾　過去が大事です。永遠において現在に深みが得られるからです。

生田　認知行動療法は過去を一切問わなくて、あなたがどういう悪い癖を持っているかということしか問わないんです。「今、あなたはこういうネガティヴ・シンキングですよ。考え方の変な癖を持っていますよ。この癖を未来に向けて矯正していきましょう」というものなんです。要は、今までは悪い癖があったから、今度は良い癖をつけましょうというもの。だからこれまでの何十年、どういう生活をしてきたかということは一切不問なんです。過去を診ないんです。目先のことでやれば良いんですが、半分くらいの人がそれで一年くらいは上手くいくかもしれませんけど、でも五年、十年はもたないと思います。必ず過去の方が力を持ってまた精神を支配してきますから。だから、認知行動療法のブームは早晩去ると思います。

永尾　ただ、それを言うと認知行動療法の先生たちは「けしからん」ということになりますね（笑）。

生田　でも、もちろんＣＢＴで救われている人もたくさんいることは事実なんです。

永尾　たしかに未来は大切です。しかし、未来は過去より現在への流れによって生ずるものです。それを仏教では「遠慶宿縁《おんきょうしゅうえん》」といいます。「たまたま行信《ぎょうしん》を得ば、遠く宿縁を喜べ」（信心を得たならば、過去の御縁を有り難くいただきなさい）ということです[注112]。仏教でいう涅槃《ねはん》とは彼岸の世界であり、未来の光の世界のことです。未来の光は現在の深みによって感じられるものだからです。現在の深みは遠い過去からの宿縁（生命発現の過去の歴史）の上に成り立っているものと申せましょう。

永尾　今日はいろいろとお話をさせていただき、誠に有り難うございました。

C・H　また、お話を聞かせてください。今日は有り難うございました。

生田　またお願いいたします。

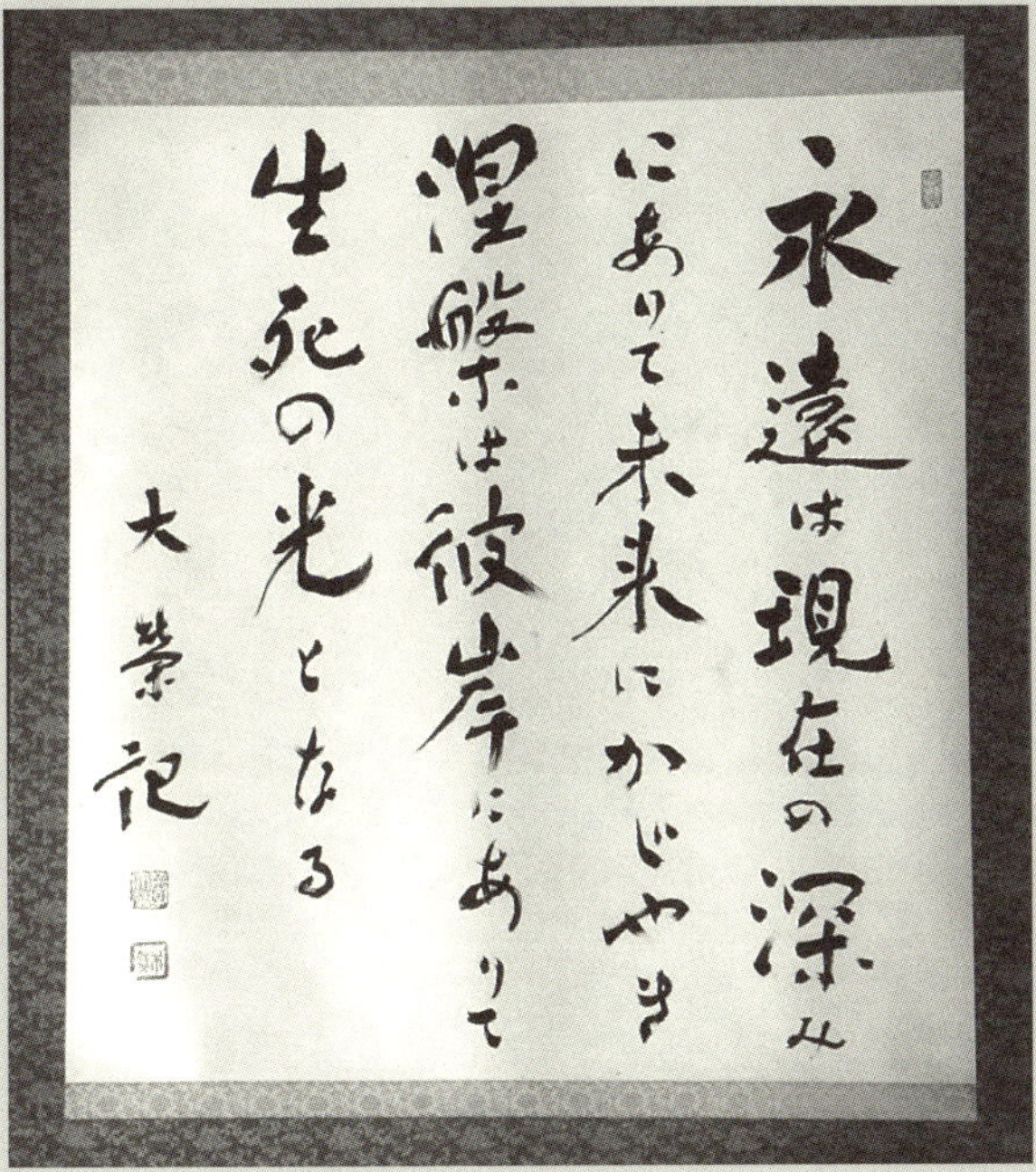

金子大榮先生
七十七歳の御書

[注]

生田 孝

1——今回の鼎談に際して、事前にいくつかの質問項目がハーディングから永尾に出されていたが、その中に古澤の妻に関する質問があった。ちなみに古澤は、東北帝大丸井教授の教室に在籍していた一九二八年五月二十三日（当時、三十一歳）に仙台で結婚式を挙げた。

2——ドイツ語でLibido、性本能エネルギー・性衝動・性欲を意味している。リビドーと書かれることも多いが、ドイツ語の発音としてはリビードあるいはリービドの方が近い。

3——ここで分析とは、フロイトが創始した精神分析のこと。前著でも述べたが、古澤はウィーンのフロイトのもとに直接学んだ唯一の日本の精神科医である。フロイトについては、前著注13（一〇九頁）参照。

4——精神分析におけるもっとも基本的な技法である自由連想（free association, freie Assoziation）とは、分析中に被分析者が脳裏に浮ぶすべての想念や表象を包み隠さず分析者に対して、そのまま言葉にあらわしてゆくやり方である。そこにおいては、語る内容を自ら抑圧したり選択したりしてはならない。前著注21（一一一頁）も参照。

5——ベッドとは、精神分析において使用する寝椅子（カウチcouch）のこと。分析者を背面にしてカウチに被分析者が仰臥《ぎょうが》しながら自由連想をおこなうのが、フロイト由来の古典的なやり方である。もともとは顔を向き合っていたが、カウチに仰臥する女性がときにスカートの中の足を開いて分析者を誘うような姿態を取ることがあったので、フロイトは背面式に変えたという（Obholzer, 1980）。

6――この場合は、対面式に椅子に座るやり方であったと思われる。

7――アメリカの青春映画（一九四一年制作、一九四二年公開）。一八九〇年頃のアメリカの田舎町を舞台にして、お互いに愛しながらも結ばれぬ男女や障害を背負いながらも人生に立ち向かう者などの若者群像が描かれている。後に大統領になったロナルド・レーガンも出演。なお、同名で内容は別のアメリカ映画や香港映画があることに注意。

8――小此木、土居にとって永尾は兄弟子になる。

9――清澤満之（一八六三－一九〇三）は、明治期に活躍した真宗大谷派（東本願寺）の僧侶、宗教家、哲学者。名古屋に生まれ、一八七八年に得度して僧侶となったのちに東大に入り文学部哲学科卒。宗教哲学を専攻して、近代日本における宗門改革運動を先導し、禁欲自戒の苦難の生涯を四十一歳で終えた。絶対他力信仰によって自己の内面と向き合い、個の徹底的な内的沈潜により安心立命が得られるとする近代仏教の先覚者となった。西洋哲学の素養に裏打ちされた深い仏教理解は、いまなお後代の多くの知識人に大きな影響を与え続けている。

10――暁烏敏（一八七七－一九五四）は、石川県の寺に生まれ、明治から昭和期に活躍した真宗大谷派の僧侶、宗教家。京都の大谷尋常中学校で清澤と出会い、以後師事し、真宗大学を卒業。カリスマ性があり各地で講演を行い、多くの信者を獲得して、多くの著作を残し当時は大きな影響力があったが、戦時下での戦争協力により戦後は影響力を失った。

11――曽我量深（一八七五－一九七一）は、新潟県の寺に生まれ、明治から昭和期に活躍した真宗大谷派の僧侶、宗教家。伝統的な仏教理解を、幅広い視野と深い仏教理解に基づいて革新し、近代思想界・信仰界に新風を吹き込み大きな近代仏教思想史に大きな足跡を残し、多くの著作がある。戦時下での体制擁護にもかかわらず、戦後も影響力を残した。

12――阿闍世の話については、本書の岩田氏の「解題」（一八三頁）を参照。

13――インドの竜樹《りゅうじゅ》と天親《てんしん》、中国の曇鸞《どんらん》、道綽《どうしゃく》と善導、日本の源信と源空の七人のこと。これらの高僧については、例えば金子の書いた「傳燈――七人の聖者」（金子、一九六八a）や、山折（二〇一〇）を参照。

14――浄土教とは、阿弥陀仏の誓いを信じて念仏することによって、極楽浄土に往生することができるという教え。極楽浄土には阿弥陀仏が住んでいるとされ、インドで生まれた仏教は中国でその一派として浄土教を生み出し、そこから日本では源信とその弟子である法然が浄土宗を確立した。

15――トーマス・マン（Paul Thomas Mann、一八七五－一九五五）は、ドイツの小説家・文豪。長編『ブッデンブローク家の人々』、『トーニオ・クレーガー』、『ヴェニスに死す』、『魔の山』などで著名。ナチスが政権を取ると、海外に亡命し、反ナチスの論陣を張り、亡命者を支援した。一九二九年にノーベル文学賞を受賞。

16——ショーペンハウエル（Arthur Schopenhauer、一七八八－一八六〇）は、ドイツの観念論哲学者で、仏教精神と印度哲学への深い理解に基づきながら独自の思索を紡ぎだし西洋哲学に大きな影響を与えた。のちの生の哲学や実存哲学の先駆者ともいえる。生涯独身で、隠者のような暮らしぶりであったが、主著『意志と表象としての世界』（一八一九）など多くの著作で、当時の哲学者、芸術家、作家などに大きな影響を及ぼした

17——ニーチェ（Friedrich Wilhelm Nietzsche、一八四四－一九〇〇）は、ドイツの哲学者、古典文献学者。バーゼル大学古典文献学教授となるも、辞してのちは在野の哲学者として生きるが、晩年は狂気に陥り亡くなった。現代の実存哲学の系譜に連なる代表的な思想家。哲学者としては在野を貫き、巧みな散文表現は文学的価値も高く、著作も多い。現在でも大きな影響を与え続けている十九世紀の代表的な哲学者である。

18——正確には、『芸術と精神分析』（イスコウィッチ〔石川湧訳〕、新民書房、一九三二）の中に附録としてトーマス・マンが書いた「フロイドと未来」の邦訳（同書、一四七－二〇四頁）が掲載されている。

19——和讃とは、漢文の仏教経典を民衆にもわかりやすい日本語（和語）で褒め讃える歌の形式にしたもの。

20——辯圓（一一八四－一二五一）は、修験道の山伏をしていたが、本文のように親鸞と出会い弟子となって明法と名乗ったとされる。

21——この話も先の辯圓の話も、古澤が書いた「あとがき」（古澤、一九五三）に書かれている。

22――悪人正機とは、親鸞が説いた浄土真宗の根本思想であり、悪人こそが阿弥陀仏の救いの主な対象であり、阿弥陀仏の本願によって善人よりもむしろ悪人こそが往生しうるとする考え方。歎異抄第三条に「善人なほもて往生を遂ぐ、いはんや悪人をや」という言葉で端的に示されている。この悪人正機説をめぐって多くに人々により仏教的思索が深められてきた。

23――阿闍世コンプレックスについては、本書にある岩田氏の「解題」、及び前著注36（一一五頁）、注37（一一六頁）参照。

24――セネカ（Seneca、紀元前一年－紀元六八年）はローマ帝国の政治家、ストア派の哲学者、古代ローマを代表する著述家の一人。第五代ローマ皇帝ネロの幼少期の家庭教師をつとめて、彼の治世の初期にはブレーンの一人として協力するが、その高潔さの故に後に疎まれて自殺を命ぜられて自死するにいたった。

25――ネロ（Nero、三七－六八）は、ローマ帝国第五代皇帝、十八歳で皇帝に即位したが、徐々に暴君ぶりを発揮して多くの政敵を死に追いやり、さらにはローマ大火をキリスト教徒が引き起こしたとして大迫害を行うなど悪政の果てに、元老院から「国家の敵」と宣告されて、逃亡中に自死した。

26――韋提希夫人とその夫である頻婆娑羅王については、本書にある岩田氏の「解題」を参照。

27――光台現国とは、釈迦の眉間から放たれた光明が、あまねく十万億土の仏の浄土を照らし、再び仏の眉間に還って光台（光明の金台）と化し、そこに十方《じっぽう》の仏国土を現出せしめたことをいう。

28――即便微笑とは、相手が真実に気付いていてくれた時に、思わず出た釈迦の会心の笑みのことをいう。

29――コンパッション（compassion）は、ここでは思いやりや同情という意味よりも、パッション（passion）をともに（com-）するという意味に近い。

30――カリスマ性　ギリシア語に由来し、ドイツ語でCharisma。預言者、英雄、教祖などのように人々の心を惹きつけ心酔させる超人間的で非日常的な資質や能力のことをいうが、マックス・ヴェーバーによれば善悪の価値判断から自由な（に拠らない）概念とされる。だから例えば、ヒトラーもまたカリスマ性を有していたといえる。

31――古澤は、ウィーンから帰朝した一九三三年に東玉川の借家において日本で最初の「精神分析学診療所」を開設したが、その翌々年田園調布に自宅を新築して移転した。

32――NHK教育テレビ「こころの時代：普遍の法をどう聞くか」平成二十五年十一月三日放送

33――真仏土とは、善き人間（菩薩のような人）がおもむく真実の浄土。それに対するのが化身土《けしんど》であり、それは悪しき人間（阿闍世のような人）がおもむくべき幻想の浄土のこと。それらは、親鸞の『教行信証』の第五章「真仏土巻」と第六章（最終章）の「化身土巻」に由来する。

34――西田幾多郎（一八七〇－一九四五）は、日本を代表する哲学者。現在の石川県出身、家の没落や東京帝大選科における差別的待遇、父による妻との強制離縁など多くの困難を乗り越えて、独自の哲学を生み出し、京都帝大教授を務めて、以後のいわゆる京都学派の始まりとなった。代表作『善の研究』（一九一一）など著作多数。

35――摂取不捨とは、阿弥陀仏がこの世の衆生、生きとし生けるものすべてを決して見捨てることなく、仏の世界へと掬い上げてくれること。『観無量寿経』の中の言葉。

36――『歎異抄』は、真名序と親鸞の言葉からなる第一条から第十条まで（師訓編）、別序と唯円が異端を歎じて批判する第十一条から第十八条まで（歎異編）および後序から構成されている。前著注27（一一三頁）も参照。

37――法華経とは、初期大乗仏典の一つで、サンスクリット語で「正しい教えである白い蓮の花の経典」の意味。鳩摩羅什《くまらじゅう》の漢訳で「妙法蓮華経」となったが、略されて「法華経」と言うことが多い。仏陀の教えのすべてが含まれるとされ、聖徳太子もこれを重視し、以来日本における法華宗の宗旨経典として、日蓮もまたこれを特に重視した。

38――日蓮宗とは、鎌倉時代の日蓮を開祖として法華経を最重要経典とし、それを読経すること、とりわけ「南無妙法蓮華経」と題目を唱えること（唱題）が重視されている。日蓮以後、教理解釈の差違から多くの分派が生まれることで、歴史的にも日本でもっとも活動的な仏教集団を形成しながら現代に至っている。前著注81（一二七頁）も参照。

39――田中智學（一八六一－一九三九）は、十歳で日蓮宗の宗門に入ったが、宗学に疑問を抱き還俗して、日蓮宗の宗門改革を目指した。従来の僧侶を中心とする寺と檀家の枠組みを越えて、在家主義の立場から日蓮宗を政治・経済・文化・芸術などの幅広い社会的領域まで広げようする「日蓮主義」を唱えてそれを主導した。また「日本国体学」を提唱し、「戦争批判や死刑廃止」も唱えるなど、仏教の近代化を目指して当時の青年や知識人に大きな影響を与えた。ちなみに、小此木啓吾の両親の宗教上の師は、田中智學の弟子である田中智応《ちおう》であったが、そのことを小此木との二回目の出会いで知った古澤は、そこに仏縁を感じたという（小此木、河合、一九七八）。

40——辻説法とは、道辻を往来する人々に対して教えを説いて布教活動をすること。日蓮による鎌倉での辻説法が有名。

41——摂受《しょうじゅ》杖伏と対で用いられることも多い。摂受とは慈しみの心に基づいて人を受け入れること、折伏とは人を議論によって打ち破り、自己の誤りを悟らせることを意味し、両者が相俟って仏教への帰依に導くこと。「父は照り　母は涙の露となり　同じ恵みに育つ撫子《なでしこ》」（厳父の愛と慈母の愛、ともに相俟って子どもが育つ）という古来の道歌もまた、このことを言っている。

42——岡崎勝男（一八九六－一九六五）は、外交官から政治家となり、第三次吉田茂内閣で官房長官として外務大臣を務めた。

43——古澤は、兄姉妹十人中、第九子で五男。第一子の長姉は二十歳上、第四子の長兄は十二歳上。末子で五女の妹、留は三歳下。

44——縣田克躬《かつみ》（一九〇六－一九九六）は、東北帝大卒の精神科医。古澤が渡欧する一九三二年の春に、丸井教授の教室に入局し、古澤の九年後輩にあたる。その後、東京帝大精神科に入局し、後に順天堂大学教授、学長を務めた。

45——古澤は、一九五七年八月（当時六十歳）に脳卒中で倒れた。

46——長谷川式認知症スケール（HDS-R）のことで、長谷川和夫によって作られた簡易知能検査。

47——水平社とは、一九二二年に結成された日本の部落解放運動の団体名であるが、第二次世界大戦下で翼賛体制に組み込まれることを潔しとせず、一九四二年に結社の消滅を選択した。戦後は、部落解放同盟として再建されて現在にいたっている。

48――部落解放運動とは、被差別部落の人々が受けているさまざまな社会的差別を撤廃して、市民的権利を獲得すると同時に、部落の解放を目指す運動。戦前は水平社が担っていたが、戦後は部落解放同盟が主導して現在にいたる。

49――ミッドウェー海戦のこと。第二次世界大戦中の一九四二年六月に北太平洋にあるミッドウェー諸島付近で日米が激突し、日本が大敗北を喫した。しかしその事実は、敗戦まで軍部によって国民に秘匿されていた。

50――ガダルカナル島における戦いのこと。第二次世界大戦中の一九四二年八月から一九四三年二月にわたって日米が西太平洋ソロモン諸島のガダルカナル島をめぐって繰り広げた戦いであるが、日本が大敗北を喫した。

51――ニイル（Alexander Sutherland Neill, 1883-1973）は、イギリスの教育家。子どもたちは強制よりも自由を与えることで最大の能力を発揮することができるという児童理解から、児童の要求を尊重する自由主義の教育を主張し、それを実践する学校を創設した。その成果により、進歩主義教育のモデルとして世界に大きな影響を及ぼした。

52――前著注80［一二七頁］参照。古澤より七歳年上だが、戦前に古澤から教育分析を受けていた。

53――その変遷は、以下に詳説されている（小此木、北山修、二〇〇一）。

54――帝政期ローマの政治家・歴史家タキトゥス（Tacitus、五五年頃－一二〇年頃）が書いた『年代記』

（二一七）の中にその記述（15.62）がある。

55——韓非（紀元前二八〇年？〜二三三年）は、中国戦国時代の法家の代表的思想家。その著書『韓非子』は、春秋戦国時代の思想的集大成。秦の始皇帝に重用されようとしたが、讒言《ざんげん》により投獄されて獄死した。

56——これは、いわゆる「原光景」のことである。原光景（Urszene）とは、子どもが目撃したとする両親の性交場面のことをいうが、これは心的外傷として神経症（ノイローゼ）発症の起因の一つであると当時は考えられていたので、原光景を分析場面で取り扱うことは、治療において重要な位置を占めていた。現在においては、このような単純な起因関係を想定することはきわめて例外的である。

57——教育分析は、訓練分析ともいい、精神分析家やカウンセラー自身が、精神分析やカウンセリングを一定期間受けて被分析者あるいはクライエントの体験をすることで、自分自身に対する省察と治療構造の理解を深めることをいう。

58——古澤は、一九五五年十月二十三日に日本精神分析学会創設と同時に初代会長に就任し、一九五九年まで同会長を務めた。

59——メラニー・クライン（Melanie Klein, 1882-1960）は、オーストリア出身の精神分析家で、児童分析を得意として、児童分析において多くの技法や概念を打ち出し大きな影響を及ぼして、いまもその系譜はクライン派と呼ばれている。ユダヤ人であったために、ナチスの台頭によりイギリスに渡り、そこで没した。

60――アンナ・フロイト（Anna Freud, 1895-1982）は、フロイトの娘であり児童分析の開拓者。オーストリアに生まれたが、ユダヤ人のためにナチスの迫害から逃れて父とともにイギリスに渡り、父と精神分析運動を支え続け、自らも児童分析家として活躍し、そこで没した。

61――ドナルド・キーン（Donald Lawrence Keene→キーン ドナルド、一九二二－）は、アメリカ出身で、コロンビア大学大学院修了。日本文化と日本文学の研究者、文芸評論家としても活躍し、自ら日本語で書いた多くの著作がある。日本文化を世界に紹介した功績で二〇〇八年に文化勲章を受賞し、その後、日本国籍を取得。

62――西行（一一一八－一一九〇）は、平安時代末期から鎌倉時代初期に生きた人。もともとは武士であったが、出家して僧侶となり諸国を巡る漂泊の旅に出て多くのすぐれた和歌を残した。とりわけ家集の『山家集』が著名。

63――世阿弥（一三六三？－一四四三）は、室町時代の猿楽師。父親の観阿弥とともに猿楽（現在の能）を大成した、能楽史上もっとも傑出した人と評価されている。その能は、観世流として現在でも継承されており、能楽書『風姿花伝』（一四〇〇年頃）の作者としても知られる。

64――松尾芭蕉（一六四四－一六九四）は、江戸時代前期の俳諧師。俳諧を極めて芸術性の高い文芸として確立した。その句風は「蕉風」として知られ、多くの弟子を残し、後世には俳聖と慕われた。紀行文『おくのほそ道』でも有名。

65――森鷗外（一八六二－一九二二）は、明治・大正期の文豪として夏目漱石に比肩されるが、陸軍軍医総監も務めた医師でもあった。

66――谷崎潤一郎（一八八六－一九六五）は、明治末期から第二次大戦後まで活躍した小説家で、終生旺盛な執筆活動を続け、その特徴は、耽美主義、古典回帰にあるといわれ、芸術性に富んだ作品は評価が高い。本書では、あとで『陰翳礼讃』について言及されている。

67――川端康成（一八九九－一九七二）は、日本を代表する小説家、文芸評論家で、大正から第二次世界大戦後まで活躍した。一九六八年にノーベル文学賞を受賞したが、自死した。

68――岡村奈穂子は、一九三五年米国ロサンゼルス生まれ。一九五一年、鈴木大拙と出会い、一九六六年に大拙が逝去するまで師事。特に最晩年の十五年を秘書役として生活をともにした、現姓・別宮《べっく》。現在、金沢市にある鈴木大拙記念館の名誉館長。

69――ベートーヴェンの交響曲第九番のこと。一八二四年に作曲され、終章の第四楽章は独唱と合唱が伴われ、その歌詞はシラーの詩「歓喜に寄す」から抜粋して作られた「歓喜の歌」として知られている。

70――ベートーヴェンのピアノソナタ第十四番（一八〇一）のことで、通称「月光ソナタ」として知られている。

71――ベートーヴェンによる有名なピアノ曲（一八一〇）。

72――三島由紀夫（一九二五－一九七〇）は、小説家・劇作家・評論家・政治運動家。日本を代表する現代作家の一人であったが、晩年には皇国主義的な政治傾向を強め、自衛隊市ヶ谷駐屯地でクーデターを促す演説をした後に、割腹自殺を遂げて世間に大きな衝撃を与えた。

73――その時の会見の様子は、以下参照（Harding, 2012）。

74――古澤の古希の祝いは、一九六七年十一月十二日にホテル高輪でおこなわれた。その時の写真が、前著資料③（一七頁）。

75――ロイヤル・タッチ（royal touch）とは、国王が病人の患部に手を触れることによって病気が治るという奇跡の治癒のこと。イギリスやフランスで、十三世紀から十八世紀にかけて実際におこなわれ、十七～十八世紀にもっとも盛んだったと言われる（Bloch, 1990）。

76――中動態については、以下を参照（金谷、二〇〇四：木村、二〇一〇：國分、二〇一七）。

77――例えば、法然が「愚者になりて往生す」と説いたことが『末燈鈔』（親鸞の書簡や法語を集めたもの）の中に記されている。

78――和辻哲郎（一八八九－一九六〇）日本の哲学者、倫理学者、日本思想史家。兵庫県に生まれ、第一高等学校、東京帝大哲学科卒。京都帝大、東京帝大でも教授として教鞭を執り、「和辻倫理学」という独自の倫理学を形成した。またドイツ留学での風土体験に基づいて比較文化的視点から名著『風土――人間学的考察』（一九三五）や、日本古代美術に眼を向けた『古寺巡礼』（一九一九）など著した。西洋思想と日本の伝統を融合し、また止揚しようと試みた独創的思索者。

79――木村敏（一九三一－）は、日本を代表する精神病理学者。朝鮮生まれ、第三高等学校、京大医学部卒業。ドイツのミュンヘンとハイデルベルクの二度の留学を経た後、名古屋市立大学、京都大学精神科教授を歴任。深い臨床経験と洞察に満ちた哲学的思索に基づいて「木村精神病理学」ともいえる独創的な知の体系を紡ぎ出し、とりわけドイツ語圏では高名な研究者として知られている。多くの受賞歴があるが、二〇〇三年に和辻哲郎文化賞を受賞。

80――谷崎の随筆『陰翳礼讃《いんえいらいさん》』（一九三三／三四）のこと。まだ電灯もない文明開化以前の自然光の中の日本の美と風雅や日本人の芸術的な感性を論じている。戦後に英訳されて、海外にも影響を与えた。

81――サイデンステッカー（Edward George Seidensticker、一九二一－二〇〇七）は、アメリカ出身の日本文学研究者。ハーバード大学や東京大学で日本文学を学び、その後、日米の大学でも教鞭をとった。古今の多くの日本文学に優れた英訳をほどこし、またその研究を通して日本文学を世界に紹介した功績は大きい。

82――ナラティヴ・ベースト（narrative based）とは、対話と語りに基づくということ。それに基づいた医学がナラティブ・ベースト・メディスン（NBM）。これに対比されるのが、エビデンス・ベースト（evidence based）で科学的根拠に基づいていることを示しており、「科学的根拠に基づいた医療（EBM：evidence based medicine）」として使われることが多く、これが現代医学の主流をなしている。

83――一如実相とは、すべてがありのままであり、それが仏の悟りそのものであるということ。

84――古澤は、フロイトの技法によって患者を分析していくことはかえって患者の心を切り刻むことになってしまうことに気付き、日本においてはむしろ母子一体感こそが基本関係であると考えた。そして母親への依存的固着を、母親の代わりに治療者の献身的態度によって癒そうとした。そのようにして治療者と患者との間に生じる一体的な融合体験こそが治療の目標であると考えるようになった。このような古澤の治療法を、弟子たちが「とろかし療法」と言っていたようである。「とろかし」という言葉は、古澤が書いた最初論文（古澤、一九三一）に「とろかされて」と出ており（なおこれ以前に書れたものはすべて学会発表抄録）、そのドイツ語訳はgeschmolzenとされている（古澤、一九三五b）。

85——ムンテラとは、和製ドイツ語であるMund-Therapie（Mundは口、Therapieは治療・療法、直訳すれば「口療法」、「口先療法」）を略したもの。しかし、以下のような用法はドイツには存在しない。日本では、医師による口頭での病気や治療の説明を意味するが、医療の非専門家である患者の気持ちを医師が口先で宥《なだ》めてその場を収めるといったパターナリズム的なやや否定的な意味あいで使われることが多かった。昨今の医療現場でのドイツ語の退潮とともにもはや使われなくなっている。ただしドイツでも、耳鼻咽喉科領域でMund-Therapieという言葉は存在するが、それはあくまでも生理学的な機能訓練を意味しており、上記のような精神的・情緒的な意味はまったく有していない。

86——真栄城輝明（一九五一－）は、臨床心理士。多年にわたり病院臨床に携わったあと奈良女子大学教授を経て、現在は仏教大学教授。また吉本伊信が創設した大和内観研修所の三代目所長。

87——吉本隆明（一九二四－二〇一二）は、在野の詩人、評論家・思想家。東京出身、東京工業大学電気化学科卒。学生時代から詩作を始め、さらに働きながら政治、社会、宗教、サブカルチャーなど広範な領域を対象に、アカデミックな経歴を有しないにもかかわらず、活発な評論活動をおこない、日本の戦後思想に多大な影響を及ぼした。代表作『共同幻想論』（一九六八）など多数の著作がある。その娘が小説家の吉本ばなな。

88——身調べとは、浄土真宗系の一派に伝わっていた修行法。断食・断眠・断水という厳しい条件下で自分の行為を振り返り、地獄行きの種が多いか極楽行きの種が多いかを自分に問い詰めるやり方とされる。これにより宿善開発や信心獲得《しんじんぎゃくとく》という一種の回心《えしん》体験をして、阿弥陀仏の救済を確信するようになるという。吉本は四度にわたる身調べを繰り返し、一九三七年に宿善開発を達成したとされる。以下を参照（吉本、一九六五：日本内観学会、一九八九）。

89——業繫とは、迷いの世界につなぎとめる業《ごう》のはたらきのこと。

90——認知行動療法（cognitive behavioral therapy：CBT）とは、広義の精神療法の一つ。不適切な行動に焦点を当てた従来の行動療法と歪んだ認知や思考に焦点を当てた認知療法の両方に起源を持つ。現実生活における不適切な言動のパターンは、歪んだ認知による誤った思考・感情・行動に由来すると考えて、それに修正を加えることを目的としている。精神分析のように無意識や生活史を問うことはなく、観察可能な思考・感情・行動の在り方に焦点を当ててそれを矯正しようとする治療法。人間現象を外部から計測可能な変数に還元することにより治療における変化が測定可能となるので、客観的なＥＢＭに展開できるとされているが、その効果の長期予後については未確定であり、今後数十年にわたる経過及び被治療者の人生をみる必要がある。この療法の中にも多くの立場（学派）があり、近年の流行としてはマインドフルネス認知療法や弁証法的行動療法などがある。

91——大野裕（一九五〇－）は、愛媛県出身の精神科医。慶應義塾大学医学部卒業、アメリカに留学。

二〇一一年より国立精神・神経医療研究センター認知行動療法センター所長に就任し、二〇一五年より同顧問。うつ病などに対する認知行動療法の日本における第一人者。皇太子妃雅子様の主治医とされる。

92——ベック（Aaron Temkin Beck, 1921-）は、アメリカの精神科医、精神療法家。うつ病の認知療法の創始者として知られ、いろいろな治療技法を開発して評価尺度を策定することにより、現在隆盛を極める認知行動療法の理論的かつ実践的基礎を準備したことで、その功績は大きい。

93——スキナー（Burrhus Frederic Skinner, 1904-1990）は、二十世紀を代表する心理学者の一人で、とりわけ行動主義（behaviorism）の立場に拠ったことで心理学のみならず、さまざまな分野に多大な影響を与えた。行動主義とは、心的状態に依拠せずとも計測可能な外的指標によって科学的に行動を研究することができるとする立場。不適切な行動に対して、反復的な矯正行動を強いることで不適切な行動を弱化させ適切な行動を強化しうると考えることから、行動療法が生まれた。スキナーは、外部から観察できない心（mind）の存在も、内観による心の観察さえも、認めなかった。彼に拠れば、自由意志は錯覚であり、行動は遺伝と環境の相互作用によって決定されることになる。

94——行動療法（behavior therapy）とは、広い意味で精神療法に属するが、学習理論（行動理論）を基礎とする数多くの行動変容療法の一つ。

95——マインドフルネス（mindfulness）とは、「今、この瞬間の体験に意図的に意識を向け、評価せずに、とらわれのない状態で、ただ観ること」（日本マインドフルネス学会の定義）であり。このような「観かた」は、瞑想や類似の方法を通じて開発することができるとされて、精神療法の一つの学派（流派）を形成している。マインドフルネスは、パーリ語で「特定の物事に心を留めておくこと」を意味するサティ（sati）の訳語で仏教起源の言葉であり、日本語では念《ねん》や気付きに対応している。現在の欧米に流行しているマインドフルネス瞑想は、アメリカのカバット・ジン（Jon Kabat-Zinn, 1944-）が医療と社会の現場に導入したことに由来するとされる。

96――河合俊雄（一九五七－）は、ユング派の心理学者。日本にユング心理学を導入した河合隼雄が父親。現在、京都大学こころの未来研究センター教授。

97――二〇一六年十月に浜松で開催された第39回日本精神病理学会大会のこと。生田が大会長を務め、会長講演で古澤について論じ（生田、二〇一六b）、河合俊雄も教育講演をおこなった（河合、二〇一七）。

98――白隠慧鶴《えかく》（一六八六－一七六九）は、江戸時代中期の禅僧で臨済宗中興の祖とされる。禅の修行を体系化し、また多くの優れた書画墨跡を残し、とりわけ「達磨図」は有名。禅の修行中に起こるとされる「禅病」（一種のノイローゼ状態）を治す治療法として「内観の秘法」（内観法）を考案し、多くの若い修行僧を救ったとされる。なお、これと吉本伊信の内観療法とは直接的な繋がりがないとされる。

99――白隠の作った禅宗仏典の和讃を「白隠禅師座禅和讃」という。以下の本文で引用されているものは、その一部である。

100――ロールシャッハ・テストとは、投影法に分類される心理検査の一つ。インクのシミからなる定型の図版がいくつかあり、それらを見せて何が想像されるかを述べてもらい、その際の言語表現や言動を通して被験者の思考過程や精神障害の有無や程度あるいはそのタイプを探るテストである。一九二一年にスイスの精神科医ロールシャッハによって開発された。吉本になされたこのテストの結果は、真栄城が以下で「ロールシャッハ反応にみる吉本伊信の世界」として述べている（真栄城、二〇一四）。

101——国立研究開発法人国立精神・神経医療研究センターに認知行動療法センターが、二〇一一年に開設された。

102——二〇一〇年から日本でも認知療法と認知行動療法が、精神療法の一つとして健康保険の適用範囲に含まれることになった。それ以外に健康保険で適用となっている特殊精神療法は、精神分析療法だけであり、森田療法や内観療法などはその名目だけでは保険適応はない。しかしそれらも、精神科医が行う場合には一般の精神療法に含めることで保険適応とすることができる。

103——「鬼平犯科帳」とは、池波正太郎（一九二三‐一九九〇）による時代小説。江戸時代に実在した火付盗賊改方《あらためかた》・長谷川平蔵を主人公とする捕物帖で、一九六七年から刊行され一九八九年まで続き、全一三五話からなる。好評を博し、テレビドラマ化・映画化・舞台化・漫画化・アニメ化などにされて広く親しまれた。平蔵の妻の名は久栄《ひさえ》。

104——五障三従とは、女性が生まれつき持っているとされた五つの障り《さわ》（五障）と、女性が従うべきとされた三つの道（三従）のこと。五障とは、女性はいくら修行しても、梵天王・帝釈天・魔王・転輪聖王・仏にはなれないこと、三従とは、「幼にしては父兄に従い、嫁しては夫に従い、夫の死後（老いて）は子に従う」とされた教えのこと。

105——仙厓義梵《ぎぼん》（一七五〇－一八三七）は、江戸時代に奔放に生きた臨済宗の禅僧。洒脱・飄逸な多くの禅画を（例えば、「○△□」図）残したが、秀逸な狂歌でも知られている。

106——ドイツ語でマニー（Manie）は躁病、デプレション（Depression）はうつ病のこと。

107——カント（Immanuel Kant, 1724-1804）は、ドイツを代表する哲学者。ケーニヒスベルク大学哲学教授を務め、『純粋理性批判』、『実践理性批判』、『判断力批判』の三批判書を著わして、批判哲学を提唱し認識論におけるコペルニクス的な展開をもたらした。ドイツ観念論哲学の祖とされ、その超越論的哲学の枠組みは、以後の西洋哲学全体に決定的影響を現在に至るまで及ぼしている。

108——ユング心理学における元型（Archetyp/Archetypus）の一つ。元型とは、本能に結び付いて心を構造化するための人類共通の型であり、身体と心、本能とイメージを結び付ける心身相関的概念であるとされる。それ自体は表象不可能であるが、いくつかの表現形態を通してのみ明らかになる仮説的な存在。元型は、集合的無意識の中に仮定された力動の作用点であり、意識と自我に対して心的エネルギーを介して作用する。グレイトマザー（great mother, große Mutter）もその元型の一つで、偉大なる母のイメージを表しており、慈しんで育む側面と同時に抱え込んで束縛する側面を持っている。

109——アニムス（animus）とアニマ（anima）は、それぞれ元型の一つ。アニマは、男性が抱く内なる女性像であるとともに男性の「女性的」側面であり、アニムスは女性が抱く内なる男性像と同時に女性の「男性的」側面でもある。両者はともに心のイメージであって、それらは相対立するが、しかし根底にある元型構造から出現する共通の根本形式とされる。

110——精神科薬物療法（pharmaco-therapy）のこと。薬物としては主に向精神薬（その中に、抗不安薬、抗精神病薬、抗うつ薬、抗躁薬、気分調整薬、睡眠薬などがある）が使われる。

111——psycho-therapy, Psycho-therapie のことで、専門的訓練を受けた治療者によって行われる心理的・精神的治療全体を指す言葉。精神科領域では精神療法、臨床心理領域では心理療法と訳し分けることが多いが、欧米語では同じ言葉である。

112——『教行信証』総序に出てくる文章で、その意味は本文の通り。

九——宗教の時間「精神分析と仏教」

二〇一七年一月二十九日
NHKラジオ第2放送

旧制中学時代から人生問題に悩み「実存神経症」になった永尾雄二郎。日本精神分析学会の初代会長、古澤平作博士の治療を受け、やがて仏教世界へ歩んだ経緯を語る。

永尾雄二郎（写真左）
聞き手　金光寿郎（写真右）

（ナレーション）

『宗教の時間』です。今日は医師の永尾雄二郎さんに「精神分析と仏教」というテーマでお話しいただきます。永尾さんは大正十四年（一九二五）のお生まれ。大学の医学部時代に精神分析の創始者であるフロイトのもとで精神分析を学び、日本での精神分析学会を立ち上げて、初代会長になった古澤平作博士に精神分析による治療を受け、精神分析を学びながら、次第に仏教が説く世界に歩みを深めた方です。聞き手は金光寿郎ディレクターです。

金光　永尾先生は大学の医学部へ入られた頃、いろいろ人生のことで悩まれて、今でいうと、うつというような状況になられ、日本に精神分析を伝えられた、日本の精神分析学会初代の会長だった古澤平作先生の診察を受けて、治療なさったとうかがったのですが、そのあたりの事情からお話しいただけますでしょうか。

永尾　旧制中学の四年ぐらいの時でしたか、太平洋戦争中ということで、訓育部長が訪ねてこられて、「韓非子は人格者なるがゆえに喜怒哀楽を顔に表さなかった」というお話がありました。私は手を挙げて尋ねたのです。「喜怒哀楽を顔に表さない人がなぜ人格者なのか」と。それは感性が乏しくて喜怒哀楽を顔に表さないのか。そういう人は人格者とは思わない。感じていても顔に表さないのは偽善者ではないかということを質問したわけです。当時は戦争中ですから、「国の命令一下、黙って戦争に行け」ということを言いたかったにもかかわらず、私がそういうことを聞いたものですから、「お前みたいな奴は赤だ」、あるいは「反抗的精神の持ち主だと内申書に書いてやるぞ」となったわけです。私は若気の至りで書くなら書けと。それが非常に問題になったんだろうとは思いますが、それから私は、人格者とは何か、人間とは何か、ということを執拗に考えるようになって、そして人間を勉強するためには医学部へ行くということで、精神科に興味を持つようになりました。それが古澤先生のところへおうかがいするようになった元といいますか。そういうことを執拗に考えるようになったこと自体が、今お話のうつ状態、現代の精神科の専門語でいうところの実存神経症になって、それを何とか治していただきたいということで古澤平作先生のところを訪ねたのが始まりです。四、五年悩んだでしょうか。

金光　精神分析の方法というのは、子どもの頃の出来事なんかを思い出させたり、自分の心の遍歴を本人に見させて、それによって本来の平常なる心の在り方を回復するとか、おおまかにいうとそういうことかなと聞かされている気がするのですが、その時はどうでしたか。

永尾　その時分には、無意識の底にあるものを表に出させるということが、精神分析の基本だったわけです。治療としては自由連想法、好きなことを何でも言いなさいという形で治療が行われていました。それを分析者は解釈をして、「あなたが今表面的にこういうことを言っているのは、心の無意識の底にこういうようなものがあるからだ」というようなことで、原則としてそういうことですが、こっちは先生の説明を聞いても「ああ、そうかな」と思うくらいで、納得ができるというところまではいかなかったわけです。でも、先生のおっしゃった「精神分析を本当に治療足らしめるためには、親鸞の心が必要です」という言葉だけは、はっきりと覚えていました。古澤先生が親鸞の心が大事だとおっしゃったことから、仏教の方へ関心を持つようになったわけです。

金光　古澤先生の先生であったフロイトという方はどちらかというと、宗教については、当時のヨーロッパ、アメリカあたりですとキリスト教ということになるのでしょうけれども、そういうものと精神分析とは一線を画するんだというふうに、宗教を離して説明されていたような印象を受けているのですが、古澤先生は宗教については精神分析と関係がないみたいなことはおっしゃらなかったわけですか。

永尾　言わないですね。むしろ先生自身は近角常観先生の教えを求道会館へ聞きに行ったということで、私も求道会館へ一度連れて行っていただいたことがあります。そのようなことで、先生自身は宗教に関心を非常に持っていらっしゃったのです。

金光　東大に近いところに求道会館があったと聞いていますが、そうしますとウィーンに留学される前から求道会館の近角先生のお話を古澤先生は聞いていらっしゃったと。そこで説かれた浄土教の教え、如来の教えなどは言葉としてはわかっても、本当のところはつかみどころがないわけです。仏様だって姿形がないわけです。一応は如来像みたいなものがいろんな形でいっぱい出ておりますけれども、本当の仏様のはたらきというのは、人間がつかまえてこれだというようなわけにはいかないところのはたらきを、仏という言葉で教えていらっしゃるようにうかがうわけです。古澤先生がおっしゃる親鸞聖人の教えと一緒にその世界に近づかないといかんというのは、本来の無意識の世界、人間の手の届かない世界での仏様のはたらきというものを、精神分析をすることによって、何となく自覚すると言いますか、人間の意識できる世界というのは非常に狭いものだということを自覚させられる方向で、解説をしてくださるレクチャーだったわけですか。

永尾　そう思いますね。先生は非常に直感的な方だったんですよ。そして感と感の重なりと言いますかね、コンパッションと言いますね。ずっと後で、金子先生のお教えを聞くようになってから、私がああそうだったのかと思うのは、金子先生が「普遍の法と特殊の機の呼応」（金子、一九六八b）とおっしゃったことにつながります。呼べば応える。呼ぶということはその仏法の呼ぶ御心をいただくことですね。人間は手を合わせて拝む。そうすると仏様が悲しいねと、あるいは苦しいだろうねと応えてくれます。大悲の本願と申しますね。病気をしている人はみんな悲しいし苦しいわけです。その悲しい心と仏様の悲しい心がそこで呼応する、感応する。ぴたったと心と心が合ったその時に救われる。それが古澤先生の治療の根本だったんだろうと私はこの頃痛切にそう思うようになったのです。理論ではないということです。それで古澤先生が「親鸞の心が必要だ」ということ、それを聞いてから私も仏教書、『般若心経』〔前著注9（一〇九頁）〕とか『維摩《ゆいま》経』〔前著注10（一〇九頁）〕を特に関心して読んでいたんです。そんな時、たまたま『弟子の智慧』（金子、一九四三）という金子先生のご本を読んだのですが、維摩の素晴らしさを書いてあるその最後は、「果たして維摩は阿難の悲しみを理解しえたであろうか。もしそうでないとしたら、私は維摩の世界とは縁の遠いものとなるでありましょう」という結びだったんです。私は最初に、「人格者とは何か、人間とは何か、ということを知りたい」申しましたが、仏法に触れるようになってから、維摩こそが理想の人物だと思っていた丁度その頃、金子先生の『弟子の智慧』に出会い、その「悲しみ」という問題に強く心を打たれるようになりました。悲しみというのは喜怒哀楽ですよね。その喜怒哀楽の問題がピタッと、私の思っていたことと、それこそ感応したといいますか。それで金子先生の教えをそれからずっと聞くということになったわけです。

金光　金子先生とおっしゃるのは金子大榮先生ですね。

永尾　金子大榮先生です。

金光　今のお話でいわば煩悩によって悩んでいた、その悩みがどこかふっきれたといいますか。そういうことになったんだと思うのですが、ではその前はなぜ悩んでいらっしゃったかというと、やはり維摩居士が十大弟子にいろいろ説法なさる、しかも完璧にやっつけるといいますか、見事にお面一本、出鼻をくじく。

永尾　十大弟子夫々《それぞれ》、その人の得意に思っているようなもの、その無意識の底にあるものを叩くというか、精神分析と同じようなものが維摩の中にあったわけですよ。

金光　ただそこに維摩居士のすばらしさもあるわけですけれども、その維摩を尊敬して仏教の世界というのはこういうすばらしい世界だと思っていらっしゃったけれども、それだけではもう一つ自分の問題は解決したわけではなくて、維摩のようにならなければいかんとか、要するに維摩居士がある理想的な人物として頭の中に浮かんでいる間、まだ問いは残っていたわけですね。

永尾　そうですね。問いはずっとあったんですが、維摩は私の仏教の入門になったと申せましょうか。結局、古澤先生の人柄というものに感応し、仏教の心に触れて、やがて金子大榮先生の下へ行き、金子先生のおっしゃる教えにまた感応したわけです。つまりそれによって、だんだん私自身の問題は解決されてきたような気がいたします。

金光　そうすると自分であれこれ考えるよりも前に、前にといいますか、考えるもとが、こういうところで自分は悩んでいたんだな、行き詰まっていったんだなというのが感応することによって消えていったということになるのですね。

永尾　そうですね。まあそういうことです。金子先生の教えというのは、真宗の教えです。真宗の教えのもとというのは『三部経』ですね。

金光　『浄土三部経』、はい。

永尾　その『浄土三部経』のすべての最後が「歓喜《かんぎ》」。喜んで帰ったというのが結びなんです。喜ぶということ。そして特に金子先生は、浄土の金子と言われているように、浄土とは何かということを説いておられたのです。その三部経の中でも、浄土について書いてあるのが、『阿弥陀経』ですね。阿弥陀経の最後に「歓《かん》喜《ぎ》信受作礼而去《しんじゅさらいにこ》」という結びがあるのです。喜んで信を受けて、そして礼をなしてかえったと、これが結びなんです。これは三部経全部が歓喜で結ばれているんですけれども、この歓喜というのは不思議にもフロイト（Freud）の名前と一緒なんです。

金光　なるほど、そうですね。

永尾　ドイツ語で歓喜を「フロイデFreude／フロイトFreud」といいます。喜ばなければ信を受けたとはいえない。歓喜は信受であり、信受というものは礼をなしてかえる。つまり礼をするということは表現ですよ。だから、喜怒哀楽を顔に表さないのが人格者であるのかないのかという問いが、「そうではないんだ」ということがはっきりわかったといえます。

金光　出ているわけですね。

永尾　喜ばなければ信仰ではないということです。つまり喜ぶということは何かというと、これは知識でもなければ理論でもない。感情ですよ。純粋感情。

金光　それが礼として表れている、行動に表れるということですね。

永尾　行動にも感情にも、それが自ずから表れる。

金光　表現ですね。はい。

永尾　「作礼」、礼をなすということは表現ですから。「念仏を申す」ということは表現です。

金光　なるほど。

永尾　「ありがたいけれどもありがたいなんて口には出さない、あるいは顔にも出さない」というのは、決して信仰を得た人の姿ではない。信仰を得た人はやはり喜ぶ。喜びの中心は何かというと、ありがたいということですね。すべてのご縁をありがたく思うということが歓喜です。

金光　だからその場合は自分がつかまえて、例えば、何かもらったから嬉しいといった、ただ自分本位というよりも、もっと広い世界で、自分がこういう風にあるのはすべてのものによってこういうふうにあらしめられているといいますか。

永尾　そのとおりですね。「たまたま行信を得ば、遠く宿縁を慶《よろこ》べ」（『教行信証』総序）、宿縁ですね。善も悪も、すべてのものが在り難いものであったという、そこに喜びが出てくるという、そういうことではないでしょうか。

金光　だからその悩みがあって、精神分析を受ける方が今でもずいぶんいらっしゃるようですけれども、その方たちも自分がこうやって悩んでいるのは、こういうところで行き詰って考えがここでストップし、ひっかかっているから、悩んでいるということがわかってくると、言わばつっかえが取れるような。こっちが取るんではなくて。

永尾　取るんではないですね。取れるんですね。

金光　取れるんですね。

永尾　それが自ずから取れていく。仏典には「従仏逍遥帰《じゅうぶつしょうようき》自然《じねん》」（『法事讃』）という言葉がありますね。

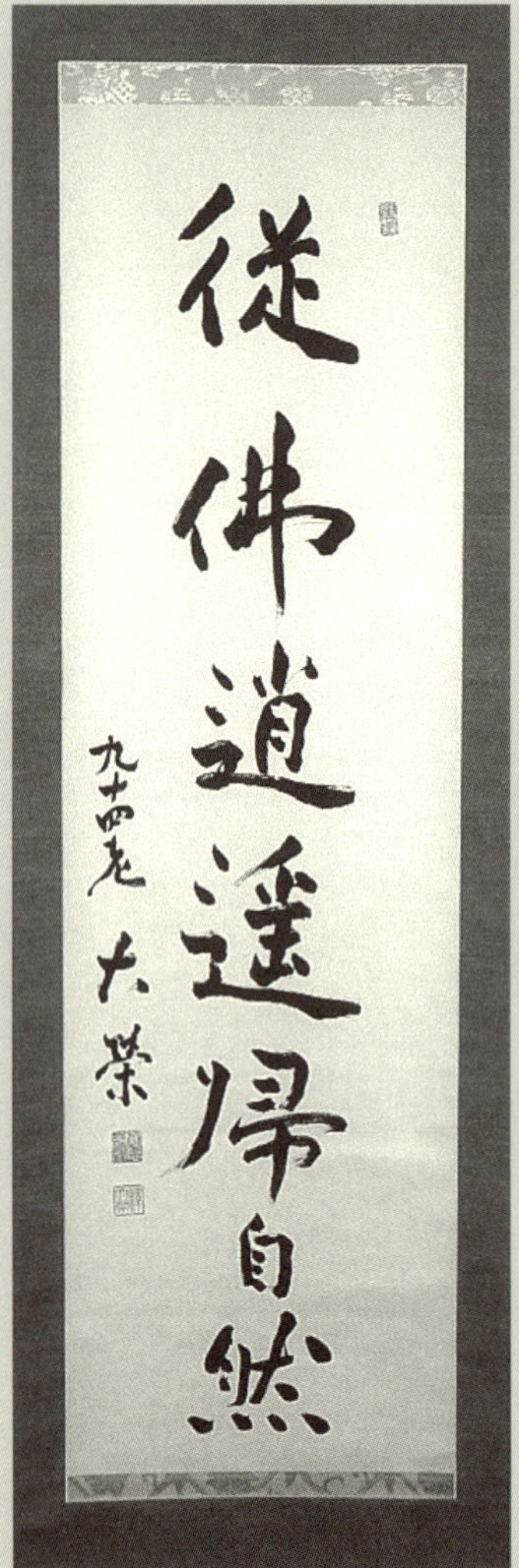
従佛逍遥帰自然
九十四老 大榮

金光　仏に従って逍遥すると自然に帰る……と、なるほど。

永尾　自然に帰るということは『歎異抄』で言えば「自然《じねん》のことわり」。ことわりというのは理論ではありません。ことわりは道理です。「自然の道理」。道理に従ってのんびりといくならば必ず自然に帰る。自然に帰るが、先ほど言いました浄土。浄土とは自然に帰る世界ですね。そこから生まれ、そしてそこに死んでいくという。つまり生死の帰依処《きえしょ》と申します。

金光　なるほど。

永尾　生死の帰依処は、金子先生の「死の帰する処をもって生の依り処となす」というお言葉で表されています。

金光　今、目の前の掛け軸に「普遍の法と特殊の機」という金子先生のお言葉がありますけれど、我々一人ひとりは特殊の機でありますね。

永尾　そうですね。

金光　それが自然に生きることによって、それは普遍の法と一緒の世界になる。

永尾　一緒になる。先ほど感応と言いましたが、普遍の法と特殊の機が感応すること

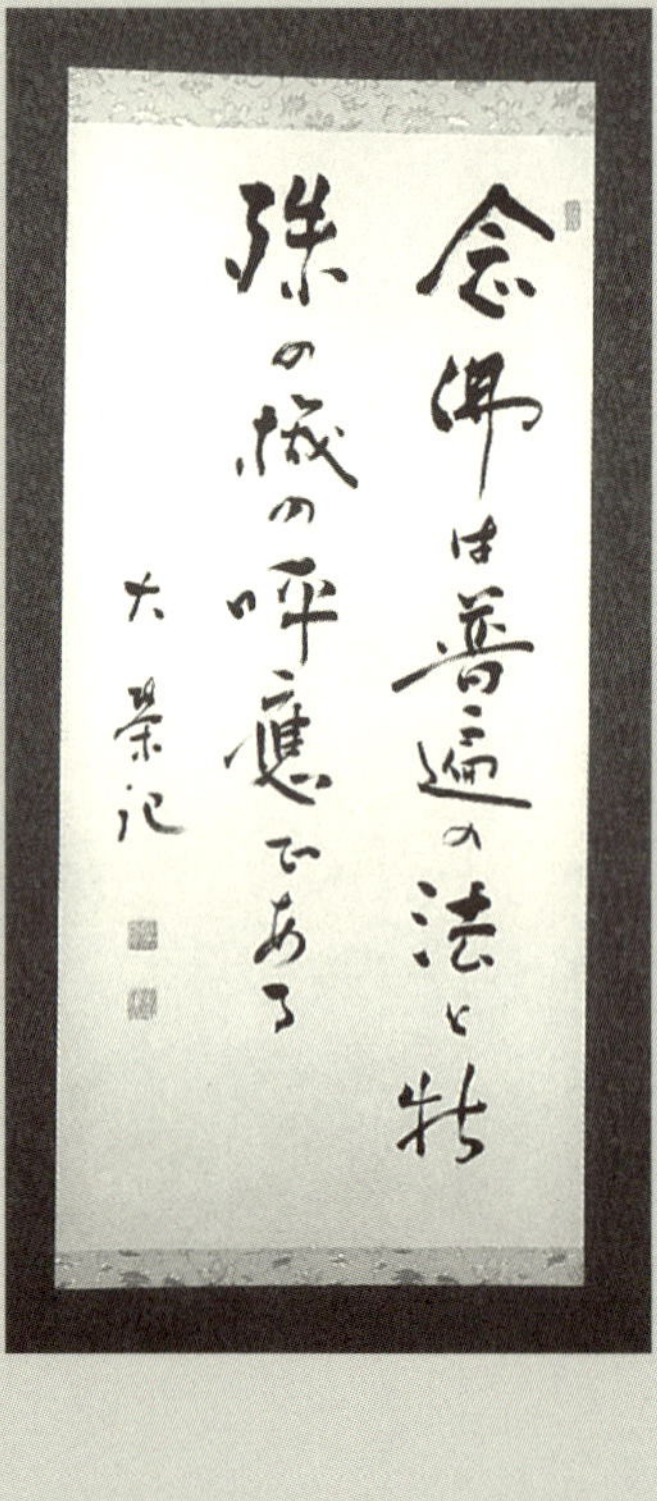
念佛は普遍の法と特
殊の機の呼應である

によって、そして病気も治っていくと。それが結局、古澤先生の仏教精神分析の結論なのではないでしょうか。私が金子大榮先生のお教えを聞いて、そして今、歳をとってくるに従って、そういうことを思うようになってきたわけです。やはり、医学、心療内科にしても、あるいは精神分析にしても人間全体をみるということになってくると、本来の宗教が大事にしてきた世界と一緒になるということに通じるわけですね。

金光

私はそれが結局、純粋感情というものだと思っております。そして純粋感情については、人間に一番大事なのは情操の世界だと。数学の岡潔先生は情緒だとおっしゃるが、私は情緒がさらに進んだものが情操だと思っています。その情操を「真・善・美」という言葉で表している。では真とは何か、出せといっても出てこないですけれども、真は必ずある。善も必ずある。一番わかるのは美ですね。美はあるかないか出せといっても、出てこないですが、美はある。美しい。それが感ですよ。感じる人には美が見え、感じない人には美が見えないのと同じように、真・善・美というのは、人間の持っているもっとも高等な精

永尾

神である。それが結局宗教だということが、この頃になってよくわかってまいりました。というのは、近頃は知識、理論これが一番大事なようですが、知識とか理論とかいうものの前に、今言いました情操の世界というものがあってこそ、はじめてそれが包まれていくわけで、知識と理論というものは、結局は人間が生きてゆく種族保存のための一つの武器ですよ。武器。それによって自分たちを守る。だから原子爆弾が出来たり、核ミサイルが出来たり、これは知識とか理論によって出来ているのでしょう。情緒や情操というと何かつまらんもののようですが、それこそが大事だと言っているのが岡先生ですね。情操の世界・純粋感情。それによって知や理が包まれてゆく。それが自然の在り方だということを、この頃つくづく思うようになってきております。

金光　ただ現在ではなかなかそれが通じにくい。情操とか情緒というと何か役に立たないような……

永尾　センチメンタルとか、ロマンティックとか、何か女々しいとか。

金光　そうですね、現実的ではないというような。

永尾　そんなことを言っていても、食っていけないという考え方ですけれども、それがないと人間の生きていく甲斐がない。「人間とは何か」というと、結局はありがたいとか、懐かしいとか、あるいは思いやりとか、そういう生きていく上に必要のないようなそういう世界、そんなもの出してみろと言っても、ものとして実際は出てこないけれども、しかしある。ないけれどもあるという、そういう世界こそが「真・善・美」の世界であって、それによってはじめて人間は人間として生きていける、そういうことがはっきりわかる。

金光　そうですね。本当に学問ではなくて、そういう人間全体をみた時には、今、永尾先生がおっしゃったような世界こそ、精神分析あるいは仏教、キリスト教や宗教全般にも通じる世界、そこに本来の人間が人間として生きていく世界があるんだという風にうかがいながらお話を聞かせていただきました。どうも有り難うございました。

永尾　こちらこそありがとうございました。

解題

阿闍世コンプレックスの母親像
――その仏教的背景について――

岩田文昭

精神療法と宗教との関わりは深い。歴史的にみれば、宗教のうちに今日の精神療法の萌芽も見て取ることができる。たとえば、アンリ・エレンベルガーの古典的名著『無意識の発見――力動精神医学発達史』(Ellenberger, 1970) では、未開民族の呪医やシャーマンなどを、フロイトやユングらの力動精神医学の成立に先立つ「力動精神療法の遠祖」として詳しく紹介している。また近代日本においても宗教と精神療法との間にさまざまな関わりがあった。その関わりの事例は、クリストファー・ハーディング氏と吉永進一氏と私による共編著『Religion and Psychotherapy in Modern Japan』(Harding, Iwata, Yoshinaga, 2015) において、いくつか示している。日本に精神分析を導入した古澤平作は、また同時に篤信の浄土真宗の信者であった。宗教心と一体となっていた古澤の治療方法は、歴史的にみれば珍しいものではない。

とはいえ、精神療法と宗教とを区別し、精神療法から宗教的なものを排除することは今日では一般的となっている。とりわけ、医学者が中心である精神医学において、この傾向は強い。そもそも精神分析学の創始者フロイトは、宗教を幻想と捉え、科学としての精神分析学の構築に専心した人物であった。したがって、日本の精神分析学の世界で古澤の宗教的部分を意図的に伝えず、タブー視する傾向があったのは当然ともいえる。古澤の後継者である小此木啓吾や土居健郎らは、古澤における精神分析と仏教との共存には批判的なまなざしを持っていたのである。ところが、小此木らは宗教に対して先入見があるせいか、古澤の治療理論を必ずしも正確にとらえることができなかった。

他方、永尾雄二郎氏は、東京医大在学中に古澤から、教育分析を受けただけでなく、古澤に感化され仏教を学ぶようになった。医師になってからも精神分析に関わりを持ってはいたものの、真宗の学僧であった金子大榮に師事し篤信の信徒となった。これは古澤門下の医者では例外的な人生である。それゆえ、これまで知られることの少なかった古澤の仏教者としての一面を生き生きと語ることができた。仏教者としての古澤の実情は本書の永尾氏の回顧によく描かれている。そこで、この解題では古澤の治療の理論的側面と仏教との関係を論じることにしたい。

なお、本稿の内容は、「The Japan Psychoanalytic Society 刊行の学術雑誌「Japanese Contributions to Psychoanalysis」所収の拙稿 "The mother image in the Ajase complex and its Buddhist backgrounds" (Iwata, 2016) に加筆・修正したものである。

一九三二年にウィーンでフロイトに会った古澤は、阿闍世《あじゃせ》コンプレックスに関するドイツ語の論文を提出した。仏教の説話である阿闍世説話を背景にして成立した、阿闍世コンプレックス論は、日本人と西洋の精神分析との本格的な出会いを告げるものであった。古澤の阿闍世コンプレックス論は、日本人によるはじめての独自の精神分析論であったといってよかろう。阿闍世コンプレックス論は、その後、小此木啓吾により世に広められた。小此木は、フロイトの提起したエディプス・コンプレックスが父－母－子の三者関係における「父殺し」を主題としたのに対して、阿闍世コンプレックスは、母－子関係における「母殺し」を主題とした点に画期的な意義を持つとしたのである。

ところが、古澤の提唱した阿闍世コンプレックス論は、それが知られるにつれ、少なからぬ人々に困惑をひきおこしてきた。というのは、大多数の阿闍世説話では、その表立った主題が「父殺し」となっていたからである。阿闍世説話にさまざまなヴァリエーションが存在しているが、その標準的な粗筋はこうである。インドでブッダ在世時代のとき、マガダ国の首都王舎城で、王子が父王に反逆した。王子の名は阿闍世、父王の名は頻婆娑羅《でんばしゃら》王という。頻婆娑羅王の妻で阿闍世の母の名は韋提希《いだいけ》である。阿闍世はクーデターを起こし、父を殺害するために監禁した。それに対して、韋提希は、阿闍世に隠れて頻婆娑羅を援助し延命を試みた。ところが、その試みが阿闍世に知られ、阿闍世は母も父と同罪だと考え、韋提希も殺害しようとした。しかし、母殺害は、家臣に止められ実行されなかった。母は命を奪われず幽閉されるにとどまったが、父王は実際に死へと追いやられた。父王を殺した阿闍世は、その罪に苦しむ。阿闍世は煩悶するものの、最終的には仏陀により救済されることになる。

以上が一般に流布している阿闍世説話である。この説話の場所が王舎城であるため、「王舎城の悲劇」と言われることもある。この悲劇では、阿闍世は、母に関しては殺意をいったん持ったもののそれは未遂に終わり、実際に殺したのは父だけであった。そのため、一般的には阿闍世説話の主題は「母殺し」ではなく、「父殺し」が主題だと考えられてきた。事実、古澤が阿闍世コンプレックス論を発表したのとほぼ同時期に、古澤とは違い、エディプス説話と阿闍世説話の類似性を認めた論文も書かれている（長谷川、一九三三）。それゆえ、古澤が阿闍世説話を用いて、母－子関係を主題的に論じたことは理解しにくい点があり、困惑をおぼえる人が出てきたのである。

近年、阿闍世コンプレックス論の仏教的背景についての研究が進み、阿闍世説話の中に、母と子との葛藤を主題とするものがあることも知られてきた。とはいえ、阿闍世コンプレックス論に関する核心的な点についての考察がまだ残されていると私には思われる。それは、阿闍世コンプレックス論において、母親が仏陀の象徴になっていることに関する解明である。以下において、まず、阿闍世コンプレックス論の概要を示し（一）、ついで仏陀の象徴として母親が捉えられている点を解明していきたい（二）。

一　阿闍世コンプレックス論の概要

古澤の阿闍世コンプレックス論をめぐる議論は、かなり錯綜してきた。その錯綜の原因はいくつかあるが、その一つは、古澤の阿闍世コンプレックスに関する論文がいくつか存在しており、その違いが明確に自覚されていなかったことにある。古澤の阿闍世コンプレックス論は、大きくわけて二つのタイプある。そのうち、第一のタイプにはさらに微妙に変化しているいくつかの論文がある。その変化によって、それらを四種の論文に区別できる。第一のタイプの論文の四種を以下に列挙する。

①「精神分析学上より見たる宗教」東北帝国大学医学部艮陵会機関誌『艮陵』第八号（一九三一年六月十五日付）

②「Zwei Arten von Schuldbewusstsein—Oedipus und Azase」『精神分析』第三巻第二号（一九三五）

③「精神分析学上より見たる二つの宗教」『精神分析』第三巻第二号（一九三五）
④「罪悪意識の二種（阿闍世コンプレックス）」『精神分析研究』第一巻四号（一九五四）

②のドイツ語論文を中心にこの四つの論文の相違については、すでに生田孝氏が厳密な考証をしている（生田、二〇一五、二〇一六a）。ドイツ語論文には誤字脱字が多く、また説明不足や論理の飛躍が多い。そのため、フロイトは阿闍世コンプレックスの内容を判断する以前に、その論文の体裁上の問題から阿闍世コンプレックスの意味を理解できなかったのではないかという生田氏の考証結果には説得力がある。

以上の第一のタイプの諸論文とは別に、第二のタイプの論文がある。一九五三年にフロイトの『続精神分析入門』を古澤は翻訳した。日本教文社からそれを刊行したとき、訳者「あとがき」を古澤は書いた（古澤、一九五三）。この「あとがき」の中に阿闍世コンプレックスについての説明があり、それが第二のタイプの論文となる。後に、「あとがき」の中の阿闍世コンプレックスに関する説明の部分のみが抜き出され「阿闍世王の物語」として、第一のタイプ④の論文とならんで小此木啓吾・北山修編著『阿闍世コンプレックス』（二〇〇一）に所収されている。

これらの諸論文間には細かな違いが多数あるが、大きな流れとして「宗教論」から「精神分析論」へという変化が認められる。もともと、宗教論を提示する上で精神分析論を援用した阿闍世コンプレックス論が、時を経るに従い、次第に、宗教論を利用した精神分析論へと展開したのである。阿闍世コンプレックス論に関する議論では、阿闍世説話にもとづき母子関係を主題とすることの是非が問われることが多かった。しかし、そのことを問題にする前に、阿闍世コンプレックス論がまず宗教論として提示されたことを明確にする必要がある。

そこで「宗教論」から「精神分析論」への変化の在り方に絞り、その点を示していくことにしたい。『艮陵』に掲載された論文①は、反宗教運動に対して、宗教を擁護する論として作成されたものであった。それは後の論文では、削除された冒頭部分を見れば明白である。論文①の冒頭には次のような文章がある。

「反宗教運動が起こつたり又その反宗教運動が台頭したり、兎に角に新聞に宗教運動の種々相を反影して来た。先端を行かうとあせつて居る艮陵もこれを問題にしたのか右の様な題で書けといふ。余暇のない自分は一応は断つた。最もこれは大問題である。何時かは積極的に頼まれずとも何かに書かうと思つて居たが余りに突然であり余りにも書くべく短い時間が与へられた。これは余の自解自得である。若し諸君にとつて他山の石ともなれば幸甚である。宗教ははたして民衆にとつて阿片か。」

第一のタイプの論文は、精神分析の論と宗教の論とが混在しており、その論旨が明晰には理解しにくいところがある。とりわけ、冒頭が削除されたそれ以降の論文ではそうである。ところが、論文①の冒頭のこの箇所を読めば、この論文がそもそもは、「精神分析学上より見たる宗教」という題目にあるように、宗教論として作成されたものであり、それを補強するものとして精神分析学を援用したことがわかる。冒頭の文章に続いて、古澤は、フロイトのトーテム論を紹介する。そして、フロイトに触れたあと、ユダヤ・キリスト教をモデルにしたフロイトは宗教を十全に捉えていないと明言する。古澤は、ユダヤ・キリスト教をモデルにした宗教は、完成したものでないとする。「完成されたる宗教的心理」とは、「あくなき小供の殺人的傾向が親の自己犠牲にとろかされて始めて小供に罪悪の意識の生じたる状態」だと古澤は主張する。それは、子が親の自己犠牲にとろかされて「懺悔心」を生じる状態であり、阿闍世説話がその宗教の具体例として援用されるのである。

すでに別の拙稿で論じたことがあるが、古澤の阿闍世説話の主要部分は、真宗の僧侶、近角常観の『懺悔録』（一九〇五）の一部の引き写しからなっている（岩田、二〇〇一、二〇〇九、二〇一四）。永尾氏が本書で述べているように、近角は古澤の尊敬する仏教の師であった。古澤の阿闍世説話の大半が近角の著作からの引用であることは、古澤の宗教理解が近角のそれに従っていることを示している。そして近角からの引用文のあと、古澤は別の阿闍世説話を援用し、阿闍世と母との緊張関係を焦点化する。母子関係を焦点化するために用いられた説話は、パーリ語ジャータカの編纂集成本の三三八番目に収録されている『トゥサ・ジャータカ』に由来すると推察される。

その上で、古澤はフロイトの口愛サディズムの理論を応用し、「阿闍世コンプレックス」の内実をなすものを提唱する。すなわち、「母を愛するが故に母を殺害せんとする欲望傾向」というのが古澤のいう「阿闍世コンプレックス」の内実である。ただし、論文①では「阿闍世コンプレックス」あるいは「阿闍世錯綜」という概念名は明示されていない。①は大枠において宗教論であり、いまだ精神分析の論にはなっていないことがここからも指摘できる。そして、この欲望傾向が完成されたる宗教的心理の前提をなすと古澤は捉える。古澤は、この心理状態を例証するために、被分析者である患者を例にあげて、こう記述して論を終える。

「彼［被分析者］の人生観は一変した。丁度銀が金になつたやうに。そして現代の先端的科学精神分析学上より見るもこの心理こそ人間の今日まで到着し得た最も調和したる状態である。されば宗教は民衆にとつて阿片か、心ある人士に向つて余は最後に最初の問を提起せんとするものである。」

以上のように、古澤の論文①は、冒頭の「宗教ははたして民衆にとつて阿片か」という問いに答えるために、阿闍世説話とフロイトの精神分析論を用いて、最終的に「宗教が阿片ではない」と結論付けるという構成となっている。論文①は、宗教論として提出されていたことは明らかである。

ついで、論文②と論文③の内容を論文①との関係から明らかにしよう。論文②と論文③は、同じ『精神分析』第三巻第二号（一九三五年三月・四月）に掲載されている。この雑誌の表紙に 'Zwei Arten von Schuldbewusstsein—Oedipus und Azase' は、「精神分析学上より見たる二つの宗教」のドイツ語訳と記されている。古澤は一九三三年にウィーンから帰国していることから考えて、②のドイツ語論文は、フロイトに渡した阿闍世コンプレックス論とほぼ同じものであろう。論文①と論文②との違いはわずかであるものの、宗教論から精神分析論へと体裁が変わっている点を指摘できる。まず、タイトルが 'Zwei Arten von Schuldbewusstsein—Oedipus und Azase' すなわち「罪悪意識の二種——エディプスと阿闍世」と変わっており、精神分析論としても違和感のないタイトルになっている。そして、先に引用した冒頭の文章が削除され、その代わり、フロイトの『文化のなかの不快』を読む前にこの論文を書いたと断りをいれている文章が挿入されている。そして、生田氏が指摘するように、「阿闍世コンプレックス」という概念名がこのドイツ語論文で登場し、それが論文③以降、「阿闍世錯綜」という表現で引き継がれている（生田、二〇一五）。独立した精神分析論への方向性がここに指摘できる。

論文③は、論文①と題目がほんの少し異なっているものの、論文①と同様に、精神分析学を応用した宗教論であることを意味している。ただし、上記した論文①の冒頭部分が削除され、削除された内容とおおよそ同じ内容が「前書き」という形で記されている。そして、論文③の末尾の文は、上述の①の末尾文とは異なり、「さればは宗教は民衆にとつて何か、心ある人士に向つて余は最後にこの問を提起せんとするものである」に変更されている。冒頭の「宗教ははたして民衆にとつて阿片か」という問いを含む文章が「前書き」へと移されたことにより、わずかな文字であるものの調整がなされた結果である。また右に述べたように「阿闍世錯綜」という表現が論文③において登場した。

論文④は、ドイツ語論文②と邦語論文③をもとに、宗教論が精神分析論への方向に展開されたものと位置付けることができる。題目は、ドイツ語論文②のように、「罪悪意識の二種（阿闍世コンプレックス）」となり、それに加え、邦語論文③の「前書き」を削除したものとなっている。末尾文は、論文③と同じである。そして、論文④がそのあとの第一のタイプの底本となったのである。ただし、もともと宗教論として書かれた論文①をもとにして、わずかの箇所を修正したものだったため、独立した精神分析論としては論述の仕方が不十分であり、理解の難しいものとなった。

第二のタイプの論文は、第一のタイプの論文に比べると精神分析の理論としてより整備されており、論理的展開がかなりわかりやすくなっている。第一のタイプでは、宗教論の補強として精神分析論が用いられたのに対して、二十年余り経た第二のタイプでは、精神分析論構築のために阿闍世説話を用いるという構成になった。精神分析の理論のモデルとして阿闍世の救済物語が位置づけられているのである。

第二のタイプでは、母である韋提希の煩悶を紹介することから論が始まる。それから、母と子との葛藤・対決の話を焦点化し、阿闍世が仏陀によって救済されることで説話の提示は終わる。ここでは、子である阿闍世は、母親拘束から脱皮する神経症患者のモデルとされている。そして、精神分析学の真の目的は、「生長・成熟し、母親拘束から解放され、社会に適応し、他人を愛することのできるパーソナリティに到達」することであると明示されている。第二のタイプは、「母殺し」をしようとする子についての精神分析論となったのである。以上、古澤における阿闍世コンプレックス論は、もともと宗教論として執筆されたものが精神分析論へと展開したことを明らかにした。

二　仏の象徴としての母

古澤平作が阿闍世説話の対立・葛藤の軸を父－子から、母－子へと移し、一般に流布した説話を変容したことにはいくつかの要因が推定できる。

第一に、これまで論じてきたように、阿闍世コンプレックス論が宗教論から生まれたという要因である。宗教の存在意義を擁護するために、ユダヤ・キリスト教とは異なる仏教の救済を取り上げ、そこにおいては真の宗教心理の完成が果たされたというのがもともとの古澤の論の出発点であった。その際に、ユダヤ・キリスト教成立の根幹に「父殺し」を認めたフロイトに対して、それとより明確に対比できる説話を提示するため、仏教における「母殺し」の契機を強調したといえよう。

　第二に挙げられるのは、古澤の臨床体験である。先の第一のタイプの論文にも第二のタイプにも、母と葛藤する患者が古澤の精神分析によって治療される事例が紹介されている。このような臨床体験が、阿闍世コンプレックス論が生成された大きな要因となっている。

　第三に、古澤を包み込む、当時の日本人の大きな精神的欲求の存在が推定される。日本が西洋文明を吸収し、近代化を推進する中で、家庭をめぐる環境が変わり、親子関係や夫婦関係も変わってきた。その中で新たな母子像を求める精神的欲求が存在していたという推定が可能である。この精神的欲求の本質に関して、日本の代表的なユング派の心理学者、河合隼雄は次のような指摘をしている。河合は、古澤においておこった「変容」は、故意になされたものではなく、物語が日本人の心の中で「文化的変容」を生じたものだと考える。そして、その変容の本質について、「古澤は無意識のうちに、日本における新しい女性像への期待を語ろうとしたのではないか」と推定している（河合、一九九五）。このような精神的欲求の存在は仮説の域を出ないが、古澤を含む近代の日本人の欲望の一つ傾向が古澤の阿闍世コンプレックス論生成の背後にあったと推定することはできよう。

第四に考えられるのは、先に述べたように、母－子との間の葛藤を主題化した阿闍世説話の存在、とりわけ母親の煩悶を主題とした説話が存在していることである。古澤は実際、一般に流布している阿闍世説話に加え、それとは違った種類の阿闍世説話も彼の阿闍世コンプレックス論の中で取り入れていた。

このように、古澤が父－子関係ではなく母－子関係を中心に置いたことには、いくつかの要因が考えられる。しかしここでは、これらの要因の根底にある、古澤の母親像を支える仏教思想の内容を明らかにしていきたい。古澤の論において、父－子から、母－子へと対立・葛藤を移すことを可能にした仏教思想は、これまでの研究では注目されてこなかったからである。

母である韋提希を主人公とした経典で、もっとも多くの仏教徒に知られてきたのは『観無量寿経』である。『観無量寿経』には、阿闍世に幽閉され悲嘆にくれる韋提希に対して仏陀のなした説法が書かれており、この経典が阿弥陀仏による救済を説く浄土教の根本聖典の一つとなってきた。ところが、韋提希をはじめ経典に登場する頻婆娑羅王や阿闍世をどのように捉えるかは古来より議論になってきた。その議論の中心は、韋提希を修行中の「聖者」とみるか、あるいは機根の劣った「凡夫」とみるかにあった。六世紀の中国で活躍した僧、智顗《ちぎ》や慧遠《えおん》などは、『観無量寿経』以外の経典を参照して、韋提希を「聖者」と理解した。これに対して、七世紀の中国の僧、善導《ぜんどう》は『観無量寿経』の記載に従って、韋提希を実際の「凡夫」と解した。日本の浄土教の発展において、善導は大きな影響力をもった。特に法然は、「偏依善導」とまで述べ、善導の理解に従った。ところが法然の弟子親鸞は、また別の解釈をした。親鸞は、法然の弟子であったものの、法然の教えを文字通りのままに受け継ぐことをしなかったのである。親鸞は、さまざまな点で師法然の浄土教理解を深めた。親鸞自身は、法然とは別の宗派を開く意図はなかったものの、経典の文面解釈の違いもあり、法然が開いた浄土宗とは別の宗派、浄土真宗の開祖とみなされることになった。古澤はこの浄土真宗の熱心な信者であった。

古澤は、親鸞への尊崇の念をフロイトの学問としばしば対比して表現している。

一九三四年の論文「精神分析治療に関する二三の自解」では、フロイトにおいてはいまだ不十分であったエロスの活動の解明が、親鸞の言行からその本質が解明されるとして、こう述べている。「余はこゝに精神分析治療の真髄を浮き彫りにしたかの如き記述を、聖人親鸞の伝記の中に見出した」（古澤、一九三四）。また、一九三九年九月にフロイトが亡くなったときには、その死を悼み古澤は「フロイド先生の遠逝を悼む」という一文を著している。この追悼文で古澤は、「自分は［フロイド］先生のこの心境と聖親鸞の心境との相似を考えずにはいられない」などとここでもフロイトと親鸞とを対比して論じている（古澤、一九三九）。

親鸞は、智顗や善導・法然とも違う独自の解釈をし、韋提希を「聖者」とも「凡夫」とも捉えない。親鸞はその主著『教行信証』の冒頭部分で、王舎城を舞台におこった阿闍世説話に登場する韋提希や頻婆娑羅王らはみな「権化の仁」だと明言する。「権化の仁」という意味は現代人には理解しにくいが、「仏・菩薩が教説を広めるために姿をかえた人物」というほどの意味である。定評のある『教行信証』の解説本では、こう説明する。「仏菩薩が衆生を救わんために、仮りに姿を変えてこの世にあらわれ給うを権化という」(山辺、赤沼、一九五一)。

親鸞の経典解釈に従えば、韋提希も頻婆娑羅王いずれも阿弥陀仏の慈悲を表すために出現した人物となる。いわば、韋提希や頻婆娑羅王は仏陀の慈悲を象徴する人物となる。このよう親鸞の経典解釈を背景に、浄土真宗の信者の中で自分自身の両親を「権化の仁」と解する人たちが現われてきた。古澤が師事し、親鸞の教えを直接に古澤に伝えた近角常観もそうである。

近角は、親子関係を軸に救済を捉えた。親子関係を範例として救済を捉えることは、近角自身の回心体験と深く関係する。近角は、一八九七年に故郷の滋賀で決定的な回心をしたのであるが、決定的な体験をした自分を阿闍世に比し、その両親を頻婆娑羅王と韋提希とに重ね合わせ、繰り返し自身の回心について語った(近角、一九〇五)。さらに自身の母親を阿弥陀仏とみなし、一生、仕えるとも述べている(岩田、二〇一四)。近角においては、自身の両親のいずれをも仏の象徴として捉えることのできる信仰の場が開かれていたのである。

近角は、阿弥陀仏の慈悲をしばしば親心に喩《たと》えている。近角が説教するときには、いつも棄老伝説を用い、それにまつわる道歌を紹介した。すなわち、「奥山に枝折枝折は誰がためぞ　親の身捨ててかへる子のため」という道歌である。近角は幼時に聞いたとして次のような伝説を語る（近角、一九五四）。不孝な息子が口減らしのため、老いた親を奥山に捨てようとして籠に入れて運んだ。すると、親は何の不満の色もなく、神妙に籠の中より手を出して道の傍らにある木の枝を折り、草を結んでは道しるべとした。息子は心中、親は捨てられた後、それをたどって再び家に帰る算段であろうと考え、侮蔑の念をもってそれを眺めていた。さて、いよいよ目的地に到着して親を捨てて帰ろうとするとき、親は息子の袖を捉えて最後の遺言としてこう述べた。「いよいよこれが汝と一生のお別れである。ともかく身体を大切にせよ。だいぶん深き奥山まで来た。定めて帰り道がわかるまい。来る道すがら心ばかりの道しるべをしておいた。道に迷わぬようにこれをたどって我が家に帰り、どうか跡を嗣《つ》いでくれ」と。不孝な息子であっても、この思いがけない最後の言葉に驚かされ、思わず知らず草むらに手をついて、いかにも親の慈悲の心が偉大であることにうち驚き、感泣して涙がとまらなかった。そこで改めて親に「どうか再びこの籠に乗っていただきたい。これから我が家にお伴して、一代のあいだお仕えしたい」と願ったというのである。

この話は、親の真実の慈悲が不孝の息子の心底に響き、感激懺悔せしめたものだと近角はいう。注意しなければならないのは、この話は仏の大慈悲心を説明するという観点からなされるのであり、そこに理想的な親が描かれていても、それはあくまで真実信心の獲得のため比喩であり、ここで描かれている「親」は、仏の象徴的存在だということである。ここで目指されているのは、通常の親子関係の和解ではなく、「信仰徹底の境地」なのである。近角は、親子関係を例にとって、阿弥陀仏の絶対の慈悲を説き、子である衆生がその慈悲にとろかされて懺悔すべき境地になるべきことを説いたのである。この棄老伝説の受け取り方を理解すれば、多くの論者を悩ました、阿闍世説話の対立の軸が父－子から母－子へと移行した経緯の理解も容易になる。棄老伝説の「親」は仏教の教義上では、「父」でも「母」でも同じであり、近角はそれを「親」としてしか述べていない。棄老伝説にかぎらず、近角は仏の慈悲を「親」に喩えて繰り返し説く。その「親」を具体的に「父」として思い浮かべるのも「母」とするのも信徒の自由である。つまり、ここには親－子の関係を父－子でも母－子でも置き換えることのできる場が開かれているのである。

古澤も自分の親を阿弥陀仏の象徴、仏の化身として味わっていたことを示す書簡が存在している。ウィーンにいた古澤が日本にいる家族に宛てた書簡が古澤邸に残されていた。ハーディング氏のご尽力と平作の令孫古澤眞氏の特別のご配慮により、それを確認することができた。兄、古澤市郎宛ての一九三二年五月の手紙には、亡父の事を思い出し、あの世から私を護ってくれる父は「弥陀の権化」であると自身の信仰を告白している。また、同じく、兄市郎宛ての一九三二年二月二十日付の手紙にも平作の信仰を指摘できる。古澤平作がフロイトと直接に面談した日は二月十一日であったが、その日は、ちょうど一年前に古澤の父が亡くなった日であった。そのことから、平作は、フロイトに面談できたのは、父のおかげであり、「御仏の御手廻し」だと書いているのである。

母に関しては、母が「弥陀の権化」であると書かれた書簡は見当たらなかったものの、自分の親を「弥陀の化身」とみなす信仰を古澤が有していたことはたしかである。阿弥陀仏の慈悲は父でも母でも象徴することができるため、文脈によって父を前面に出すことも、母を前面に出すことも古澤にとって可能であった。親を仏の象徴とみなしうる古澤のこの信仰が阿闍世説話の変容の根底にあった。ユダヤ・キリスト教の伝統とは異なる、「完成されたる宗教的心理」があるという古澤の所説は、この信仰を背景にして成立したものである。

このような阿闍世コンプレックス論の背景が明らかになったことで、古澤平作の治療の本質も明確になる。もともと、古澤の阿闍世コンプレックス論には、「真宗の信仰」と「精神分析の実践知」が共存していた。時間が経過するにつれ、その宗教的色彩が弱まり、精神分析の理論の側面が強くなってきた。しかしながら、古澤の信仰は消えたわけではなかった。古澤の精神分析の実践の中に形を変えて、それが残っていたのである。

古澤の精神分析の技法は、一口でいって、「とろかし」技法と評されている。古澤は、患者から分析医に向けられる憎しみという病んだ心を、無償の愛でとろかしていくことを治療の眼目としていた。この「とろかす」という言葉の起源は、古澤の真宗の師近角にある。近角は自身の決定的回心の説明にも、「我が心は仏心にとろかされた」のように、「とろかし」という用語を用いている（近角、一九〇〇）。

近角においては「とろかす」主語は人間ではなく、絶対者である阿弥陀仏であった。阿弥陀仏の慈悲が凡夫の我執をとろかすことに根本が置かれる。そして、親の愛は、阿弥陀仏の「とろかし」の象徴となり、親子関係は「とろかし」のなされる象徴的場となる。古澤の精神分析療法は、仏の慈悲によって衆生の心をとろかすという近角の説教を精神分析療法に転用したものである。先に引用したように、古澤は、「完成された宗教的心理」を「あくなき子どもの殺人的傾向が親の自己犠牲にとろかされて始めて小供に罪悪の意識の生じたる状態」と述べていた。

古澤では、母親の愛が子どもの怨みをとろかすことへと焦点が移る。ただし、精神分析を実際に遂行するときに、仏の役割を古澤が代わりに果たす。つまり、人間の親と子との対立・和解が阿闍世コンプレックスの主題となっていたものの、実践面において、仏の同情、大慈悲による救済に代わるものを治療者たる古澤自身が患者に与えていた。本書で永尾氏が、「円融無碍」にもとづく「感応療法」と表現したのは、このような事態であろう。そのため、古澤が論文で言及する母親像に、たとえ明示的な超越性が認められなくても、治療行為そのものが仏教的実践に通じているのであり、そこに超越性がひき入れられ、理想の母親像に超越的な根拠が与えられていたのである。

古澤には、信仰者と学問的理論に拠って立つ精神科医としての二つの側面があったが、最終的には宗教者としての側面が強かったことは、古澤に教育分析を受けた弟子たちが異口同音に語っていることである。例えば、土居健郎は古澤を突き動かしていたのは、究極的には「宗教心」であり、「救済者としての意識」が強烈であったと明言する。そのため、古澤は患者を取り込み「呑み込み」をしていた、と土居は批判的に述べている（土居、一九八〇）。

古澤の弟子である、小此木啓吾や土居健郎らは、古澤の治療の中に残存していた宗教性を批判し、それを脱色化しながら日本の精神分析の治療を進展させていこうとした。古澤の阿闍世コンプレックス論の宗教性は批判の的になったこともあり、その宗教的背景は十分に解明されてはこなかった。だが、フロイトの精神分析が伝統の異なる東洋の地に伝播するとき、フロイトの思想が日本人の内側にあった宗教的伝統を揺り動かし、それを掘り起したのはまぎれもない事実である。阿闍世コンプレックス論のような日本の宗教的伝統に根ざす思想を媒介にして、フロイトの思想は次第に受容されていった。本書はこのことに関する貴重な証言の書なのである。

〔解説1〕

古澤平作－永尾雄二郎－金子大榮
――精神分析と仏教をめぐって――

生田 孝

本論は、学術雑誌「精神医学史研究」に掲載された論文（生田・永尾、二〇一六）に多少の改変を加えて本書に収載したものである。

古澤平作（一八九七－一九六八）は、東京で精神分析学診療所を設立して開業し、以後の有力な精神分析家を育て上げ、また日本精神分析学会を創設した日本の精神分析黎明期の著名な臨床家として知られている。彼の弟子の中に、本書の著者の一人であるが、日本の精神分析史の中では忘れ去られてしまった永尾雄二郎（一九二五－）という人物が存在する。彼は、一九四六年に古澤の教育（訓練）分析を受けた後も古澤に師事し、日本精神分析学会の設立に陰ながら尽力したが、その後、真宗大谷派の著明な仏教学者金子大榮（一八八一－一九七六）〔前著注12（二〇九頁）〕に師事して、在家仏教信徒となった。本論では、古澤と永尾の関係が、二人の象徴的な和歌の交換によって円く完成したことを述べて、古澤の精神分析が、仏教、とりわけ親鸞への信仰と密接不離であったことを、永尾との関係を通して示した。

はじめに

古澤平作は、日本における精神分析創成期の臨床家として土居健郎（一九二〇－二〇〇九）〔前著注44（二一八頁）〕や西園昌久（一九二八－）、小此木啓吾（一九三〇－二〇〇三）〔前著注46（二一八頁）〕など以後の有力な弟子たちを育て、日本精神分析学会を創設し、その発展に尽くしたことで良く知られている（小此木、一九七〇、一九七九）。彼は、東北帝大医学部を卒業後、同精神病学教室丸井清泰教授（一八八六－一九五三）〔前著注59（二一二頁）〕（三浦、一九五五）に師事して精神分析学を学び、その後同教室助教授として一九三二年に一年弱ウィーンに留学し、フロイト（一八五六－一九三九）に会い、精神分析の勉強をして帰国（古澤、一九五四b、一九五六）。以後、大学を辞して、東京の田園調布に精神分析学診療所を設立して開業し、終生にわたって臨床実践と教育分析によって多くの弟子の育成に務めた。

この古澤の初期の弟子の中の一人に、本書の執筆者の一人であり、その後古澤のもとを去り、精神分析から仏教へと自らの生き方を求めた永尾雄二郎〔注1・2〕という在家信徒がいる。永尾は、人生の生き方に悩み一九四六年に古澤の門を叩いたが、そこから古澤により分析へと導かれた。その過程の中で永尾はある日の朝に、ふと思い浮かんだ歌を古澤に示したところ、それをもって古澤により分析の終了を告げられた。その後も永尾は、古澤の高弟の一人として精神分析に従事し、日本精神分析学会設立（一九五五）にも尽力したが、その発足を機に精神分析とは袂を分かち、当時の真宗大谷派の高名な僧侶でかつ仏教学者であった金子大榮に教えを請い、その後は医業のかたわら有力な在家信徒として活動を続けてきた。しかしこの間も小此木の要請により、ときどき同学会の財政的支援を続けていた。古澤が脳卒中で倒れた時に、永尾は古澤を自宅に見舞ったが、この時に古澤から十一年前の歌の返歌を受け取った。これにより二人の関係は、円く完成した。本論では、この二人の交流を通して、古澤の弟子であった永尾が仏教に転じた経緯をたどり、二人の間に交わされた歌と返歌を紹介する。これにより古澤が永尾の仏教への転進後も、お互いを認め合っていたことを論じたい〔注3〕。そして古澤の精神分析が、仏教、とりわけ親鸞への信仰と密接不離の関係にあったことを、永尾との関係などを通して示した。

古澤平作

古澤の生い立ちについて詳しく記しているのは、彼の弟子の一人である武田専《まこと》（一九二三－二〇一三）〔前著注24（一一二頁）〕であるので、以下の生活史についての多くは武田に拠った（武田、一九九〇）。古澤は、明治三十年七月十六日に神奈川県厚木船子で生まれた。十人同胞の第九子で、男子としては末子、第四子の長兄とも二十歳離れており、ほとんど子守りによって育てられた。江戸時代から四百年続いた旧家で、父親は小銀行の頭取を務めたかなりの資産家であった。菩提寺は浄土宗だが熱心な信徒というほどでもなかった。両親の頭痛の種は三兄の不行跡であり、素封家の自堕落息子と言われて、両親は常にその尻ぬぐいをさせられる始末であった。

厚木中学入学、中学二年で陸軍幼年学校受験し、不合格。中学在学中に、保守的な校長に対して排斥のストライキを行い、停学処分を受けた。一年留年して一高理科を受験したが不合格。一九一二年に長兄が粟粒結核で急死し次兄は二歳で親戚に養子に出されていたため、三兄は分家させられて、四歳年長の四兄市郎が家督相続人となった。以前から両親に同情して三兄の不品行に心を痛めていた古澤は、当時からどうしたら人間の性格を改造することができるだろうかということが関心事の一つであった。後年、精神分析医となった素地は、この時期につくられたのかもしれない。

一九一九年仙台の第二高等学校に入学。浄土真宗系の道交会自治寮に入り、生涯の友・黒川利雄［注4］（当時三年生）と知り合う。そこで、他力本願か自力本願かの論争に加わり、親鸞の他力本願派の有力な論客となる。同年、丸井が東北帝大精神病学講座教授に就任。

一九二二年二高卒業の年に、網膜剥離のため東京で一年有余の闘病生活（右眼斜視、左眼弱視となる）、この頃、日蓮宗の田中智學［注5］を訪問するが、のちに日蓮の激しさには肌が合わず、再び親鸞へと傾斜した。

一九二二年東北帝大医学部進学後、学生時代に精神分析学の講義を受けていた古澤は、一九二六年三月卒業と同時に精神病学教室に入り、丸井教授に師事した。古澤は、熱心に自由連想法の追試をおこなうなかで、丸井教授との精神分析についての考え方の違いを自覚して、徐々に対立するようになった。患者の言説から得た精神分析学的洞察を患者に説諭することを治療技法としていた丸井に対して、自由連想法こそが精神分析の基本なのであり、丸井のやり方はフロイト本来の精神分析技法とは似て非なるものと、古澤は確信するに至った。一九三一年に古澤は、講師から助教授に昇進したが、それはフロイトのもとへ留学を許される代わりに帰朝後は医局を去るという交換条件が付いていた。彼は、渡航費用を兄に頼って、同年十二月下旬横浜埠頭よりウィーンへ旅立った。そして一九三二年一月二十六日ウィーン着、ほぼ十一カ月滞在したのちに、その年の十二月三十一日にウィーンを発ち翌年帰国した［注6］。

帰国した一九三三年（昭和八年）に東玉川で「精神分析学診療所」を開院し、その翌年、兄の資金援助で田園調布に家を新築し、そこで終生患者の治療と弟子の育成に取り組んだ。終戦まで、焼跡に通ってくる患者が一人でもいるなら、家が焼けても石の上に腰掛けてでも自由連想法を続けると、頑固に疎開を拒否し続けて東京に残っていた。戦後まもない一九四九年に精神分析研究会を結成し、それは一九五五年に日本精神分析学会へと発展的に解消したが、その初代会長を務めて学会創設に尽力し、終生にわたり患者を診続けた。最晩年の患者の一人に、瀬戸内寂聴がいる〔注7〕。一九六八年に逝去〔注8〕、享年七十一歳。

金子大榮

金子は、明治から昭和にかけて活躍した著名な真宗大谷派の僧侶でありかつ仏教学者である。俗に、「東の鈴木大拙（一八七〇－一九六六）〔前著注31（一一四頁）〕、西の金子大榮（一八八一－一九七六）〔前著注12（一〇九頁）〕」あるいは「禅の鈴木、念仏の金子」と並び称された近代日本仏教界の巨人である。彼は、新潟県高田にある真宗大谷派の寺に生まれた。真宗京都中学を卒業後、一九〇一年、当時京都より東京に移転開校した真宗大学（現、大谷大学）に入学し、初代学長であった清沢満之《まんし》〔注9〕から強い影響を受けた。一九〇四年に卒業し帰郷、寺務のかたわら処女作『真宗の教義及其歴史』（一九一五）を三十四歳で出版し注目された。清沢満之が創刊した雑誌『精神界』の責任編集者に請われて一九一五年に上京して就任し、主筆を務めた。同年、東洋大学教授、翌一九一六年、その後京都に移転していた大谷大学教授となる。一九二五年に著書『浄土の観念』（一九二五）の内容を問われて、一九二八年に同大学教授を辞した。その後、広島文理科大学（現、広島大学）や京都の興法《こうぼう》学園で教鞭を執り、一九四二年に大谷大学教授に復職。やがて、金子の真宗に対する解釈・理解の正当性が真宗大谷派、さらには広く真宗各派からも高く評価されて最高権威と目されるようになった。

彼は、古来の伝統的な仏教とりわけ浄土真宗・真宗〔注10〕の教学と信仰を、彼自身の広範な学識と深い自己省察に基づく信仰とによって受け止め直し、明治・大正・昭和の時代思潮に合った解釈を打ち出して、仏教界のみならず近代思想界に新鮮な刺激を与えた。その思索は、浩瀚な著作（一九五六－一九六一、一九七一－一九七七、一九七二－一九七四、一九七七－一九八六）で知られており、いまでも後代に大きな影響を及ぼしている。

永尾雄二郎

永尾は、一九二五年十月十一日に東京渋谷で一人っ子として出生。父は、戦前に衛生官吏として中国に滞在し、戦後はしばらく抑留されていた。このため父が引き揚げてくるまでの十七年間、実質的にほぼ母親と二人暮らしであった。多感な少年であった永尾は、アメリカと開戦した翌年の一九四二年には旧制中学四年であったが、あるとき倫理の授業中に教師が「韓非子は人格者なるがゆえに喜怒哀楽を顔に表さなかった」と話すのを聞いた。永尾は、人間の感情を顔に表さぬ人間が人格者たりえるのか、むしろそれは偽善者ではないのかという疑問を抱き、そのことを率直に教師に問うたが、「お前のような理屈っぽい奴は赤だ、反抗者だ」と一喝されてしまった。それに納得がいかなかった永尾は、それも契機となって「人格者とは何か」、「そもそも人間とは何か」ということを深く考えるようになり、古今東西の書物を渉猟したが得心はいかなかった（永尾、一九九八、二〇〇二）。当時の知的学生が往々にして陥った思弁的懊悩でもあったのだが、生来、人間存在の倫理性の根拠を問うてきた永尾は、父の勧めもあり結局は医学を志すことに決めて、一九四四年東京医科大学に入学し、さらに興味は精神医学に向かっていった。

第二次世界大戦終戦時に専科三年生であった永尾は、世間の価値観の大変動に見舞われて、人生の目標を見失いノイローゼ気味になっていた。中学時代から抱いていた「人格者とは何か」という疑問に加えて、戦後の混乱期に「人間とは何か、自分とは何か」という自問自答の苦悩の中から、精神分析の古澤へとたどり着くことになる。当時すでに古澤は、知識人の間で少しは知られる存在となっており、直木賞作家で慶應義塾大学生理学教授でもあった林髞《たかし》（ペンネーム：木々高太郎）〔前著、注51（一二〇頁）〕が書く科学随想などを通して、「精神分析の古澤」という名前を永尾はすでに知っていた。

永尾は以下のように述べている。一九四六年春「医学の道に進むようになり、そこで精神科の方に関心をもつようになったのです。そこでたまたま出会ったのが精神分析学の古澤平作先生でした。古澤先生はウィーンのフロイトのもとで直接学んだ直弟子で、その先生が東京で診療にたずさわっていらっしゃるということを聞いてお尋ねしたのです」。そのようにして永尾は、東京医大専科三年（当時二十一歳、古澤四十九歳）の昭和二十一年十月十九日（土）に田園調布の古澤宅を初めて訪れた。偶然にも彼は、古澤邸から一キロほどのところに下宿していて、その診療所の前をときたま通るのでその所在はすでに知っていた。永尾は当初、自分の治療目的のための分析を求めたが、むしろ古澤は教育分析による弟子の育成を意図し、それへと導入した。それから週一回、一回五十分の分析が始まり、やがて永尾は古澤と家族ぐるみの交流をしていくようになった。

当時を振り返って永尾は、以下のように述べている。「無意識の心理学はまた精神分析学であったのですが、それを学びたくて先生を訪ねたというよりも、むしろ私自身の悩み、人間とは何か、人格者とはなにか、人はなんで生きているのか、そういう積年の悩みをなんとかして解決したいということで先生のところへお伺いしたというのが実情でした。そこで、私自身も精神分析を受けていたのですが、一年くらいたったある朝、昭和二十一年三月一日でした……」〔注11〕。永尾は、その日の朝にふと浮んだ歌

今朝はまあ　何と空気のうまきかな
春まだ浅き　雪雲の空

を古澤に持参した。古澤（五十歳）はそれをみて莞爾《かんじ》として微笑み、「それこそ精神分析でも到達しがたい宗教的体験の世界だ」と述べて、それをもって教育分析を終了とした。永尾は、この歌がふっと自然に心に浮び出て来て、それから何か自分の人生観がすっかり変ってしまったことを自覚した。それまでの「何のために生き、何のために死ぬのか」という際限のない自問自答から、「私たちの背後にある目には見えない大きな命にふれていて、生かされていることを感じた」のである。またその頃永尾は、かつて近角常観［前著注29（一一三頁）］が開き、その死後は弟の常音が主催していた、東大赤門近くにある親鸞を学ぶための施設「求道会館」に古澤に誘われて一緒に行くことがあった。

永尾は往時の自身の精神状態を振り返って、一種の「離人症（Depersonalization）［前著注22（一一一頁）］というものではなかったか」と述べている。この教育分析を終えたときに、最後に古澤はパーンと手を叩いて「あなたは今、仏になりました！」と叫んだというが、それは分析が終わったこと、そして「治った」ことを意味していた。これ以後永尾は、それまでの「頭上に雲がかかったように苦しい悩みが消えてしまった」のである。実際、のちに永尾が古澤に自身の診断名を尋ねたところ「敢えて病名をつけるなら、ヒステリー性ノイローゼです」と言われた。これを現代風に言えば、当時永尾は人間存在の根拠を問う実存神経症〔前著注63（一二三頁）〕の水準で悩んでいたことになる。

そしてこの頃から永尾は、精神分析よりも仏教へとひかれてゆく自分を自覚していた。彼は、当時の「人間とは何か、自分とは何か」という問いを追求するには、精神分析よりも仏教の方がむしろふさわしいのではないのかと思うようになっていった。その背景には、古澤の考え方の背後に仏教的なものを永尾は強く感じ取っていたからである。実際、古澤は「仏教の心、親鸞の心がないと精神分析は完成しない」ということを日頃から永尾に語っていた〔注12〕。そしてこのことが、精神分析の根底に仏教の心を見て、さらにそれを探求するために金子のもとを訪れて、念仏の心を学ぶ契機へと永尾を導いたのであった。また当時、教育分析のために古澤のもとに通っていた東大医学部脳研究室の俊英たちが、あいついで精神病を発症したり自殺したことがあって、それも永尾に暗い影を投げかけていた。自分よりも遥かに賢く見えていた彼らが懊悩の果てに不幸な転帰を取ったことは、彼らを身近に知っていた永尾に、いつしか自分もそのような運命をたどるのではないかという漠然とした不安をもたらした〔注13〕。

永尾は、教育分析を終えた後も精神分析を追求し、一九四九年に大学卒業後も、同年結成された「精神分析研究会」〔前著注7（一〇七頁）〕に積極的に参加した。その頃、永尾は、家庭的事情もあって将来的には開業も視野に入れていたが、精神分析では「喰ってゆけない」状況を鑑みて、卒業後は産婦人科を専攻し、その領域に精神分析を生かすことを目指していた。ちょうどその頃、永尾は古澤からメニンガー・クリニック〔前著注43（一一七頁）〕への留学話を持ちかけられたが、諸般の事情から断ったところ、その話は土居へとまわり、一九五〇年七月より土居はメニンガーへ旅立った。そのような動きの中で永尾は、同年十一月九日の精神分析研究会例会で「ヒステリー症治癒過程における精神分析的考察」を、一九五一年六月二十九日の例会で「産婦人科の領域からみた心身症」を発表した。

結局永尾は、古澤に出会って六年後、金子に出会う五年前の一九五二年に郷里の静岡県大須賀町（現在の掛川市）に産婦人科医院を開設し、そこで外科・内科・小児科をも含めて広く地域医療を実践し続けて現在に至っている。

ところで、永尾が古澤と師弟関係にあった頃に、のちの日本精神分析学会をリードするようになる他の古澤の弟子たちとの関係を見てみよう（表1参照）。永尾が古澤に出会ったのが一九四六年、教育分析を終えたのは一九四七年、他方、古澤と土居健郎が初めて出会ったのは一九五〇年、小此木啓吾もその頃と推定される［注14］。武田専《まこと》や西園昌久《まさひさ》、前田重治や、のちに初めて日本で心身医学・心療内科を始めた池見酉次郎《ゆうじろう》［前著注25（一一三頁）］などは、さらにその後になる。現在よりも序列意識が強かった当時、古澤に師事した順では土居、小此木、武田、西園、前田らよりも永尾は四年から十年以上も先行しており、いわば彼らの先輩格・兄弟子格であった。このことは、のちの古澤の「古希祝賀会」（一九六七年十一月十二日、高輪ホテル）が催された際の記念写真（前著、資料③、一七頁）で、当時の日本精神分析学会の錚々《そうそう》たる面々を立たせたまま最前列中央左側に古澤らと並んで永尾が着席していることからもうかがえる。永尾によれば、周囲から「永尾先生はわれわれの兄弟子ですから、どうか前にお座りください」と言われ、やむなく着席したという。

表1　日本の精神分析史における古澤の弟子たちと永尾との時間的前後関係

1881		金子大榮 出生
1897		古澤平作 出生
1915		池見酉次郎 出生
1920		土居健郎 出生
1925		武田専 出生
		永尾雄二郎 出生
1928		西園昌久 出生
		前田重治 出生
1930		小此木啓吾 出生
1939	霜田静志 分析開始	
1941	木田恵子 分析開始	
1946	永尾が古澤と出会う、分析開始	
	（小此木、慶應医学部予科入学）	
1947	永尾、古澤による分析終了	
1950	土居が古澤と出会う	
1950～51頃	小此木が古澤と出会う	
1953	武田、分析開始（学生・小此木の紹介）	
	西園、分析開始	
1955	（小此木、慶應大精神科に入局）	
	（日本精神分析学会創立）	
1957	前田、分析開始	
1959	池見、分析開始	
1968	古澤、死去	

永尾と金子との出会い

一九四九年一月たまたま本屋に立ち寄った永尾は、金子大榮が維摩《ゆいま》経《きょう》［前著注10（一〇九頁）］について書いた随想集『弟子の智恵』（一九四七）に目が留まり、それを購入してすぐに読了したが、その内容に強い感銘を受けた。維摩経とは、初期大乗仏典の一つであるが、全編が戯曲のようにダイナミックな構成をとっており、旧来の仏教の固定性を批判し在家信徒の立場から大乗仏教の核たる空思想を説いたものである。金子の『弟子の智恵』は、維摩経の中でも特に「弟子品《ほん》」について書かれたものであった。そこでは在家信者である一大智者・維摩居士が病気になったときに、それを知った仏陀が彼の十大弟子の中から誰かを見舞いに行かせようとしたときの逸話から話が構成されている。このとき、以前に維摩からさんざんに論破されて不愉快な思いをした弟子たちが、そのときの辛い体験を語って維摩を敬遠して、みな見舞いに行くことを断ってしまった。そのため最後に文殊菩薩が、維摩を見舞うはめになってしまう。その間の経緯、そして最後に見舞いに行くことになった文殊菩薩と維摩との対話が生き生きと描かれていて、まるでドラマを読むような躍動感のある仏典となっている。

永尾は『弟子の智恵』にすぐさま魅了されてしまい、中学時代からの疑問「人格者とは何か」についても、「人間は仏教によって初めて人格者というものになりうるのだ」からこそ、すべてを識り尽くした維摩に倣《なら》うことで、永尾自身こそが「われ、天下の維摩たらん」と大望を抱くようになった。しかし、その中で永尾が決定的に理解しかねる箇所が一つだけあった。それは、維摩と仏陀の十大弟子の一人である阿難《あなん》との葛藤を描いた「阿難の悲しみ」の部分である。そこには金子による「維摩は果して、阿難のこの心境を理解してゐたであろうか」(同書、一五八頁)と、阿難の切ない気持ちを理解仕切れていない維摩を否定しているように解せる文章があった。維摩を理想化していた永尾は、その書を何度も熟読玩味し、結局は九年もの長い間考えあぐねた末に、直接金子に会うことを決意して、一九五七年秋に京都を訪ねた。当時、永尾三十三歳、金子は七十七歳の喜寿を迎えていた。この出会いを契機に永尾は精神分析とはっきりと袂《たもと》を分かち、金子が亡くなる九十六歳までの二十年間、直接金子に師事して最晩年の弟子となった。

日本精神分析学会設立総会とそれ以後の永尾

古澤の指導を受けて五年余り、徐々に自分にとって人間と人生に関する疑問に答えてくれるのは精神分析より仏教であり、そして仏教の方が性《しょう》に合っているように、永尾には感じられていた。しかも先に述べたように、古澤の精神分析の背後に強く仏教の存在を感じ取っていた。実際、古澤は学生時代から真宗大谷派の近角常観に傾倒していた。しかも古澤は、精神分析の根底には親鸞の心と通底するものがあることを日頃から永尾には述べていたのである。だとするならば、あるべき姿の仏教に向かうことこそが、自らの道であろうと永尾は思うようになっていった。

一九五三年に丸井は胃癌で死去したが、その直後から日本精神分析学会設立への動きが具体化するようになった。翌一九五四年夏に、仙台支部会員選挙で古澤が国際精神分析学会仙台支部会長に選任された。一九五五年十月二十三日に日本精神分析学会設立総会が慶應義塾大学で開催されて、古澤は同会長に就任し、一九五七年の第三回総会まで会長を続けた。

このときまでに学会設立への協力を惜しまなかった永尾は、敢えてその設立総会に参加しないことによって、精神分析の第一線から身を引くことを誰にも相談せずに密かに決意した。しかし当日永尾が会場に姿を現わさないことを不審に思った古澤は、その総会の六日後に永尾へ手紙を書いている。その内容は、永尾の欠席を問うものであり、以下に全文を引用する。

「秋冷の候になりました　あなたにはその后どうしてゐられますか　オ案じ申してゐます　大変ご無沙汰してゐますが　私は日本精神分析学会創立について度々申し上げたりしてゐます　あなたこそ此度の事を心から喜んで下さる唯一の方であると確信してゐましたのに何の音沙汰もないので　私は不思議に思ってゐました　八月にも私は行けたかどうか解らないにしても　家族も私もあなたからまねかれた事を心まちにしてゐました、家内は是非行ってあげなさいとも言ってゐました　こんなにたよりがない――そこであなたが「病気」たと不キツ事を考えるようになりました　こんな事を考えることをオ許して下さい　同封したものは係の人が作ったので　大小まじった悪からず

敬白

十月二十九日　古澤平作

永尾雄二郎様　机下

」〔前著、資料②（一五頁）〕

永尾は、直ちに返書を出した。それに対する古澤から永尾宛の葉書（一九五五年十一月三日消印）には、「只今貴翰拝誦致し　ご健康でご活動され居る由承知安心致しました　会の成立について心からの喜びをオ寄せいただき感謝致します　今后ご援助いただきます減税のこともありますので……」と書かれており、永尾から学会への寄付も示す内容となっている。

永尾は、以後も日本精神分析学会会員であり続けて、財政的に逼迫していた日本精神分析学会への援助の要請にも陰ながら応じていた。当時の実質的な学会事務長であった小此木から永尾に宛てた手紙（一九六三年三月十七日付）には、「日本精神分析学会創立以来何回にもわたって多大な財政的支援を賜り、心から感謝致しております……小此木啓吾」と書かれていることもこれを裏付けている〔注14〕。

古澤の教育分析は先の永尾の歌によって終了していたが、一九五七年八月に古澤は六十歳で脳卒中に倒れた。それを知った永尾は、自宅療養中の古澤を田園調布の自宅に翌年三月見舞った。その際に古澤は「これを永尾しゃんにあげようと思っていました。あの時のあなたの歌と一緒の心境でしょう」と、一つの歌を用意していた。それは、

生きている　息の御徳の思え人
息こそエスの　しるしなりけり

という歌であり、十一年前の永尾の歌に対する返歌であった。それを伝え終わると、古澤は莞爾として微笑み、二人の関係はここに円く完成した。

この歌の意味するものは、仏教と精神分析が、そして仏陀・親鸞とフロイトが、生(Leben)の本質においては等価であるとする古澤の信条吐露であり、さらに永尾が仏教へと転向したことを全面的に肯定する賛意の表れであった、と永尾は理解している。もちろん、古澤の意図が奈辺にあったのかは不明であるが、この歌からは、仏教的なものと精神分析的なものとが渾然一体となっている雰囲気が、不思議と漂ってくる。

おわりに

晩年の古澤は、精神分析と念仏は表裏一体で不可分、つまり分析・念仏一如《いちにょ》の境地に至っていたようである。活字になった最晩年の文章の題名の一つは「お差支えなし、御注文なし」（古澤、一九六三）であるが、そこに以下のような文章が載っている。

「私は被分析者に対して自由連想と同時に念仏（題目でもよい）を唱えるように勧めることがある。信心を伴わない念仏（または題目）は空念仏にすぎないではないかという人もあろうし、あるいはまたそれが精神分析とどういう関係があるかという人もあるが、それこそ分別識なので、要は『お差支えなし、御注文なし』である。自由連想と唱名の併用が多くの実績をあげていることは事実が証明するところである。」

永尾は、まさに魂の危機（crisis, Krise）において精神の病（既述の「ヒステリー性ノイローゼ」あるいは「実存神経症」）を発したが、古澤による教育分析の終了と永尾自身の仏教への転進を経て、分利熱（crisis、Krise）［注15］を経たかの如く心の平安に到達することができたのであった。そして永尾が精神分析から仏教へと転進したことを、古澤は終生にわたり了としていた。それは、古澤にとって念仏の実践と精神分析の自由連想はほとんど等価であったからである。

◆注

1——本論文は、永尾宅で永尾からの聞き取りに基づいている。一回目は二〇〇四年四月に生田と堀雅博（聖隷浜松病院　精神科）によって、二回目は二〇一二年四月に生田とハーディングによっておこなわれた。二回の聞き取りから生田が本論を書き、永尾が目を通し、内容の確認をおこなった。二回目の聞き取りの内容は、前著（二〇一六）にまとめられている。

2——永尾は、浄土真宗の在家信徒であり、さまざまな著作（文献参照）や以下のような活動（すべてではない）がある。

- 永尾雄二郎（一九九四）「聞思の心と医療」ＮＨＫ教育テレビ、五月二十二日放送
- 永尾雄二郎（二〇〇一）「佛道の師を語る」ＮＨＫラジオ、四月二十二日放送
- 永尾雄二郎（二〇〇四）こころの時代「人生の道標——普遍の法と特殊の機」ＮＨＫ教育テレビ、一月十一日放送

・永尾雄二郎（二〇一三）こころの時代「普遍の法をどう聞くか」NHK教育テレビ、十一月三日放送（二〇一五年二月二十二日再放送）
・永尾雄二郎（二〇一七）宗教の時間「精神分析と仏教」NHKラジオ第二、一月二十九日放送〔本書に収載〕

3——古澤における精神分析と仏教との関係については、本書の岩田の解題、ハーディングの解説2を参照。

4——黒川利雄（一八九七－一九八八）はその後、東北帝大の内科教授、戦後に東北大総長となったが、終生古澤を支援し続けた。例えば、古澤がフロイトから面会を断られたときに、たまたまウィーン大学に滞在していた黒川は、八方尽力し何とか面会にこぎ着けて、その際に通訳として同席した。

5——田中智學（一八六一－一九三九）は、第二次大戦前に活躍した有力な日蓮宗系の在家仏教運動家。僧籍にあったが、のちに還俗して、独自の日蓮主義による宗教活動を提唱し、立正安国会、さらに国柱会を設立した。法華経と国体の一体化を説いたその思想は、当時の知識人に大きな影響を及ぼした。

6——従来より、古澤の留学期間を一年半余りとか約二年と書かれているものもあるが、実質的には十一カ月のウィーン滞在であった。当初の半年余りは会話の勉強に費やしており、実質な研修期間は半年弱にすぎない（生田、二〇一五の注1参照）。この間、ステルバから教育分析、フェダーンから監督教育を受けた。十二月二十四日帰国の挨拶でフロイトのもとを訪れ、大晦日にウィーンを発った。

7——瀬戸内寂聴（旧名・晴美、一九二二－）は、小説家。波瀾万丈の人生を歩んできたが、その人生の悩みから、当時最晩年の古澤に精神分析を受けた。それについては、彼女の随筆（瀬戸内、二〇〇五）の中で触れられている。ここで古澤は、瀬戸内から「八十歳くらいだった老博士」と描かれているが、当時は六十代後半にすぎなかった。また小説『私小説』（一九八五）は、そのときの体験も書き込まれている。二〇〇六年、文化勲章を受賞。

8――日本精神分析学会のホームページ http://www.seishinbunseki.jp/society/president.html（二〇一六年一月十九日確認、二〇一八年八月十八日再確認）には、以前から古澤平作の没年が一九六九年と記されているが、一九六八年の誤りである。さらに同サイトで精神分析研究会発足が一九五〇年とされているが一九四九年であり、「精神分析研究」発刊も一九五二年ではなくて一九五四年であるが、依然としてこれらの誤りが訂正されないままである。

9――清沢満之（一八六三－一九〇二）は、日本の明治期に活躍した真宗大谷派僧侶で宗教家。東本願寺育英教校を経て、東大さらに大学院で宗教哲学を専攻。絶対他力信仰を説いて宗門改革を唱道し、近代社会に受容される仏教の思想的素地を準備して、当時の知識層に大きな影響を与えた。

10――浄土真宗と真宗の異同を説明しておく。親鸞が用いていた頃の両者は、当時「浄土を顕《あきら》かにする真実の教え」という意味で、同義に用いられており、それは宗旨名ではなかった。しかし、親鸞の没後に浄土真宗を宗旨名とする宗派が成立した。本論文では、浄土真宗を宗旨名として用いている。しかし、同宗旨に属する多くの宗派が、宗教法人法において正式名称（宗派名）を、「浄土真宗本願寺派」以外は、「真宗〇〇派」として届け出ている。つまり法的には、本願寺派が「浄土真宗」であり、それ以外の宗派は「真宗」となる。しかし、両者は、宗旨が同じなので宗教家・宗教研究者の間でも実質的には等価なものとして使われているので、本論もその立場を取っている。

11――実際には、永尾が古澤に出会って五カ月弱後のことである。標準的な教育分析の期間に比していささか短すぎる感がある。しかし当時、古澤はかなり早いテンポで教育分析を進めていたようで、そのことを武田が述べている（武田、一九九〇）。古澤がおこなった寝椅子を用いた自由連想法による教育分析は、週一回五〇分のペースで二十回ほどおこなわれた。

12――古澤は、他の弟子たちよりも永尾を相手に仏教的な話題を好んで口にしたようである。それは古澤が、自身の仏教的なるものと共鳴し合うものを永尾に感じ取っていたからではないだろうか。北見芳雄を除けばそれ以外の弟子たちは、仏教的なものにはさほど興味を示さなかったし、土居などのようにそれをとても嫌う人もいた。

13――この聞き取りは、二〇〇四年四月になされた。このときに述べられたもう一つの要因として、古澤から彼の長女との縁談を持ちかけられたことも、すでに交際していた女性（現・永尾夫人）がいた永尾にとっては精神的負担に感じられたことがある。あるとき古澤の家計が逼迫していたのか、古澤の娘のヴァイオリンを売って現金化することを依頼されることがあったほど、当時永尾は古澤に信頼されていた。

14――小此木から永尾宛の手紙（一九五九年一月二十九日付）に「小生未だ学生の当時より慶應の研究会にてお目にかかって以来……」とあり、精神分析研究会が慶應義塾大学で初めて開かれたのは一九五一年であるから、小此木が古澤のもとに出入りするようになったのは、この前後であろう。小此木は、大学三～四年頃であると述べている（小此木、河合、一九七八）。

15――分利熱とは、病気を原因とする熱が短時間に大量発汗をともなって解熱すること、ないしはその際の熱をいう。語源的に「分利」（crisis, Krise）は、ヒポクラテス医学に由来し、病気の進行における峠（山）を意味する。この分利の段階を越えて患者が病気に屈して死を迎えるか、あるいは反対に回復して治癒に至るか、いずれにせよそのどちらかが起きる生死の分岐点をいう。

〈解説2〉

日本の精神分析と仏教

――一つの関係付け――

クリストファー・ハーディング
［訳：生田 孝］

本論は、学術雑誌「History of Psychiatry」に掲載された論文“Japanese Psychoanalysis and Buddhism : the making of a relationship”（Harding, 2014）を著者の了解を得て、生田が要約したものである。論文前半では、人文科学的見地から当時の日本の思想状況や時代背景などの詳しい説明がなされているが、それらの詳細な議論や日本ではよく知られていることなどは大幅に割愛し、古澤に関する話題を中心に抄訳意訳したので、興味のある方は原論文に当られたい。

本論では、古澤平作（一八九七―一九六八）の人生と仕事における、日本の精神分析と仏教の関係を探求する。結論を先に述べるなら、古澤は精神分析と仏教が矛盾せずに両立できることを示したわけではないが、理念的に表現するならば、同じ高潔な生き方を目指している二つの異なった実践の表れとして両者を理解していた。彼は、それをフロイトと親鸞の生き方とその著作から読み取っていた。古澤にとって両者は「真の宗教心」を示しているのであり、その達成のためには精神分析的精神療法が理想的な方法であると見なしていた。本論では、この領域における古澤の業績とこの時代における「宗教と精神の対話」の先駆的事例として両者の間の歴史的なダイナミクスを検証するために、今回初めて利用可能となった私的文書（古澤家文書：Myouki, 2016）とインタビュー資料を用いている。

精神科医である古澤平作は、日本の「精神分析の父」と一般的に見なされているが、フロイトと彼を中心とするサークルで分析を勉強しかつ受けるために一九三一年十二月に横浜埠頭からウィーンへと旅立った。今回初めて筆者は、古澤の個人文書にアクセスする特権を古澤の長男頼男氏より与えられたことで、十三世紀に生きた浄土真宗のカリスマ的宗祖親鸞への深い帰依が、彼の人生と仕事において果たした役割を新たに解釈することが可能となった。この古澤と親鸞の関係付けに決定的であるのは、十九世紀末から二十世紀初めの日本における知的、制度的そして政治文化的な時代背景である。そこには当時、ドイツから移入されつつあった神経精神医学に由来する制度とパラダイムを通した専門学科としての精神医学の台頭、旧来の伝統仏教を脱却しながらも単純に西洋化へ陥ることなく近代化に適応しうる仏教への改革運動、そして精神修養と結び付いた催眠術のような新しい施術や欧米の精神世界に対する世俗的な関心の高まりなどが、その背景にあった。

日本の精神医学史研究は、日本語圏外では非常に限定的であるが、鈴木（Suzuki, 2003）が指摘したように、日本固有の概念と方法論は外部からの挑戦に直面している。精神分析に関しては、何人かの研究者（小此木・北山、二〇〇一；武田、一九九〇；Blowers and Yang Hsueh Chi, 1997）らが、主要人物の回想録、フロイト文庫（ロンドン）、そして日本における精神分析関係の雑誌などに依拠しながら研究を先導してきた。これらの先駆的研究に対する見直しが、今回、古澤自身が残した私的文書（古澤家文書）へのアクセスによって初めて可能となった。その見直しのためには、従来考えられてきた精神分析のいわば植民地的伝播モデル、つまり「人間的中心極（human metropole）」であるフロイトと彼を取り囲むサークルを中心として、そこから徐々に周辺へと精神分析が伝播していくとするモデル（フロイト自身がこの比喩を好んでいた）（Harding, 2009）から離れることである。それによって、中心極からの流れと同時に逆の流れにも注目し、それらの相互作用によって形成されてきたものに注意を払い、もっと公平にバランスの取れた両者の出会いに目を向けるのである［注1］。

ウィーンでの古澤の修練期間は、これまで想像されていたような知的で儀礼的な聖地巡礼であったとは、もはや今では考えられない。古澤とフロイトが実際に出会うまでに古澤の心の中で長い間形成されて来たイメージ、「神の如きフロイト」は揺らぐことはなかったが、ウィーンのフロイディアンから古澤が心を動かされることはほとんどなかった。彼は、日本で展開してきた自分自身の分析技法の方がむしろ優れており、ウィーンのフロイディアンが自分に教えることはほとんどないと感じていた。だから彼は、教育分析を受け続けるよりも、むしろ日本に早く戻って精神分析に特化した自分の診療所を開くことにしたのである（古澤書簡、市郎宛一九三二年五月）。古澤の職業的キャリアを理解することによって、日本の精神医学についての理解、つまり従来からの「西洋からの輸入＝近代化」であるという歴史理解のパラダイムに対する見直しが必要となる。これによれば、今まで考えられて来たような、日本の伝統的でしばしば宗教的な精神の健康と病気に関する理解が、紆余曲折はあるにせよ結局は西洋医学のそれらに置き換えられたにすぎないという見方が、否定されることになるからである。

大学と、精神医学、宗教そして哲学の文化政治学

〔省略〕

日本の精神分析に向けて：親鸞とフロイトとの共有プロジェクト

古澤平作が育ち、精神科医として、そして分析家としての職業的一歩を踏み出したのは、まさに旧来の伝統と近代化への動きが相克する状況においてであった。彼は、東北帝国大学で医学の修練を終えて、精神病学教室丸井清泰教授によって精神分析学へと導かれ、一九三二年に一年弱フロイトと彼のサークルで教育分析を受けるために

ウィーンに滞在した。しかし、古澤が教育分析とスーパービジョンに費やした時間は、それほど長くはなかった。ステルバ（Richard Sterba）との分析は三カ月、その後フェダーン（Paul Federn）のもとでのスーパービジョンがさらに数カ月続いたが、それはうまくいったようである。フェダーンは、古澤が取り組んでいるテーマに真面目な関心を示し、分析家としての古澤のスキルは十分に進歩していると評価した上で、彼に残されたウィーンでの時間をもっと「進んだこと（advanced matters）」に使うべきであると助言した［注2］。しかしながらステルバには、古澤の分析は「分析の開始段階以上の何ものでもなかった」ことは明らかであった（Sterba, 1936）。ステルバは、古澤の父親に対する恐ろしいほど攻撃的な態度に衝撃を受けたことをのちに回想しているが、その態度は「明らかにエディプス・コンプレックスに由来する」と考えており、それは古澤と丸井との間の困難な関係に根ざしていると見ていた。だからステルバは、古澤の持っている「［彼の］母親への子どものような依存と親密な結び付き」に注目したのであるが、しかし古澤の仏教信仰における母なるもの（the maternal）との結び付きがこのステルバとの短い分析の間に形成されたのかどうかは、明らかではない（Sterba, 1936）。

古澤自身もウィーンにおける彼の分析は、以下の二つの理由で不十分であると見なしていた。まず、分析が外国語でなされた（彼の話したドイツ語はかなり貧弱であった）から。つぎに、日本人の精神構造は西洋人とは大いに異なっていると彼が信じていたから。日本人が完全な分析を受けるためには、日本人の分析家によってなされなければならない、と彼は考えていた。だから、ステルバによる分析は古澤の心理学的かつパーソナリティ的問題を癒すことには成功していない、と古澤はみなしていた。彼は、金銭的事情から（資金不足のため）フロイト自身から直接に分析を受けることは無念にもできなかった。しかし、分析の創始者フロイト自身でさえも、たとえ自己分析はおこなったとしても教育分析は受けていなかったと考えることで、古澤は自分を慰撫していた。だから彼は、彼の患者を通して、そしてゲーテの著作を読むことで、自分も「分析」を受けていると考えていた（古澤、一九五一）。概して古澤は、ウィーンでの精神分析的精神療法よりもウィーンの珈琲の味により印象付けられたようである（そのことを兄宛の手紙の中で肯定的に言及している）。ウィーンに渡り四カ月ほど経って古澤は、彼自身が日本で展開してきた技法の方が実際はるかに優れていると結論付けた。翌一九三三年二月に帰国したが、以前からの丸井との確執のために東北帝大には戻らず、彼は東京で日本初めての精神分析に特化した診療所を開設した。そして、新聞広告や人通りの多いところに看板を出し、医師仲間や友人知人たちにも開業したことを伝えて、患者獲得に努めた。

この時代の日本の精神医学は、当時も今もそうであるが、生物学的研究が中心であり、心理学的アプローチに対してはかなり敵対的であった。だから好むと好まざるとにかかわらず、ありとあらゆる種類の心の苦しみ（interior suffering）が「病気（disease）」であると烙印を押されてしまったのであるが、逆にこのことが、古澤が働きかけることのできる領域、つまり精神医学的なニッチを生み出したのである。彼の診療所の初期の新聞広告には、どのような相談にも応じることが強調されていた。そして彼のクライエント・ノートには、一九三三年から一九三六年の間にほぼ四百人のクライエントが彼を訪ねたことを記されており、さらに多くの人々が彼に助言を求めて手紙を寄こしていた。また何人かの人からは入院治療も求められたが、古澤の診療所には入院設備がなかったために、他院への入院紹介もおこない、それは一九五八年に彼自身の分析理念を志向した病院（日吉病院）が設立されるまで続いた。分析が長期にわたったのはその中でも少数であるが、それらの診断名は、赤面恐怖、強迫神経症、うつ病、マゾヒスティック性格、ヒステリーから、盗癖症、アルコール症、同性愛、吃音そしてレプラ恐怖にまで及んでいた。手紙による問い合わせには以下のようなものがある。例えば、ある女性からは、子どもがキリスト教に興味を持ってしまい、修道院に入りたいと言い出したがどうしたものか（彼女は、これがメンタルヘルスの問題なのかどうかを知りたかったのである）。またある若い男性からは、試験中に「あと五分です」と告げられたときの恐怖感と強い性格の女性との恋愛問題に悩んでいた。また別の若い男性は、最近二人の女性とお見合いをしたのだが、この二人のどちらと交際すべきか決めかねて、古澤に助言を求めてきた〔注3〕。

古澤は、一九三〇年代半ばには一日平均三人のクライエントを診ており、一九五〇年代半ばには一日約六人まで増えていたが、それは、戦後の西洋（とりわけアメリカ）精神医学と心理学への関心の高まりと、そしてメニンガー（Karl Menninger）の著作三部作の翻訳で古澤が世に知られるようになったことも要因にあった。古澤は、一九四〇年代後半から、東京大学、慶應義塾大学、九州大学を含む日本の有力な医学部出身者が彼のまわりに集まることで、日本の精神分析における彼の立場を強めていった。彼は、一九五四年国際精神分析協会（International Psychoanalytical Association）の日本支部長に就任し、翌一九五五年に創設された日本精神分析学会の初代会長となった。また古澤は、ヨーロッパとアメリカの分析家たちもと連絡を取り合い、何人かの弟子の留学を取り次いだ。

これらのすべてにおいて古澤の仏教が果たした役割は、当時の彼を知る友人、同僚、弟子、そして彼の何人かのクライエントには非常に明らかであった。しかし、宗教に関しては彼の著作の中でほとんど言及されておらず、だから仏教と精神分析との関係性について学術的な言葉を用いて包括的に議論することは、彼によってはまったくなされていない。その大きな理由は、仏教と精神分析が関係していると古澤が信じていた、その在り方にある。つまり、仏教と分析という二つの異なったシステムを多方面にわたる厳密な知的営為を通して両立可能であることを示すのでなくて、両者はむしろ高潔に人生を生きるための本質的なアプローチとして同一なのであり、古澤にとっては同じ目標に至るための二つの道なのであった。

親鸞と浄土真宗の伝統

浄土真宗はその開宗を親鸞の人生と著作に負っている。そもそも親鸞は最初に天台宗に入信したのだが、のちにそこを去った。その理由は、その複雑な慣習儀礼と彼自身の知的営為とを両立させることが不可能であると考えたからであった。彼は、自分自身の絶対的な無力さと人間の無力さに焦点を絞るに至った。人間は安寧と救済を求めてありとあらゆることを試みながら、しかし決してそれを手に入れることができない。親鸞は、大乗仏教における浄土の伝統に拠って、救済される手段として短い祈りである念仏を繰り返すことに集中した。そして、自分の力で救済に至る「自力」と「絶対的他者」の力で救済される「他力」との区別を深化させていった。この「絶対的他者」は、念仏に没頭することで得られる心像に現前化されるが、それこそが天上界の阿弥陀であり、すべての生きとし生けるものを阿弥陀の浄土へと再生させるという阿弥陀の誓いこそが、浄土信仰の根本教義であった。

阿弥陀の誓いが、当時、歴史的に文字通りに考えられていたのか、あるいは二元論的に制約された（これかあれかの）言語で世界存在の真理を伝える方便として考えられていたのかについては、親鸞信仰の中でも現在にいたるまで意見の一致は得られていない。実際には、この点の曖昧さに進んで耐えることが実践家の間で見られてきたようである。これは、日本人の宗教心と大乗仏教においては命題的信念よりもむしろ行動することに、そして真理を概念形式で捉えようとするよりも自分自身の生き方と在り方に真理を顕現させることに、より重きを置いているからである。さらに浄土真宗では、自分だけが浄土に生まれ変わることに文字通り執着することは自分本位なことであり、そのようなことは、すべての生きとし生けるものが共に救済されることに主要関心事がある本来の信仰からは外れていると見なされて来た。人間の唯一の望みは他力であるにもかかわらず、絶えざる自力への誘惑があるが、しかしそこにはいつも虚しい放縦しかない。親鸞にとって、人間は自分自身では真に知ることも善行を為すこともできないのであり、念仏を唱えることでさえも「自己に」由来した祈念や実行と考えることはできなかった。真の念仏は、それを繰り返し唱えるその人の望みと願いによって汚されてはならないのであり、その主導権は究極的には絶対的他者によって引き受けられねばならなかった。
古澤のほぼ同時代人であり、浄土真宗の信者で詩人でもあった甲斐和里子《わりこ》の二行詩（甲斐、一九三六）は、このような心の働きについての理解の仕方を表している。

御仏をよぶわがこゑは御仏の
われをよびます御声なりけり

この御仏の招命は、浄土真宗では信心、つまり「心から真に身を委ねて信じること」が鍵体験となっている。浄土真宗の思想家たちは、この契機（行為と体験のダイナミックな融合）こそが、浄土に人が生まれ変わる最初の一歩であるとしている。

古澤の親鸞、古澤のフロイト

古澤は、浄土真宗の帰依者として、そして日本の社会と文化の中へ西洋からの影響が不安に満ちて広がっていく激動の時代に生きた知識人の一人として、その両方から親鸞へと近づいていったと考えられる。このような文脈において、この時代に求められた独立心、強さそして共感性を持ったカリスマ的な模範として親鸞は、当時の演劇や文芸そして雑誌などに好意的に取り上げられることで、親鸞信仰の復興がなされつつあった。シェーパース（Sherpers, 2004）は、第一次と第二次世界大戦のあと急速に親鸞についての新解釈が受け入れられるようになったと指摘している。一九一八年に出版されてベストセラーとなった倉田百三の『出家とその弟子』もそれに与り、また親鸞について新たに書かれた著作が次々に出版された。第二次大戦後にはマルキストの原型を親鸞に見ようとする人たちもいたが、それらは、マルキスト歴史学者服部之総《しそう》の仕事や哲学者三木清（一九四五年獄死）の死後出版されたエッセイにも拠るところが大きかった。三木は、親鸞の自己実現の契機は、単に主観的かつ心理学的なものではなくて、彼の置かれた具体的な歴史的状況とその意味の理解を受肉化させたものである、と示唆している（Curley, 2008；Schepers, 2004）。同じように、ラディッチ（Radich, 2011）と岩田（二〇一一）も阿闍世王の仏教説話が古澤の生きた時代におけるさまざまな文芸や信仰治療のテーマであったことを示している。その説話は、親鸞の『教行信証』の主題でもあったのだが、そこから古澤は、のちにフロイトのエディプス・コンプレックスに対抗して阿闍世コンプレックスという新しい精神分析理論を作り上げることになった。

このような文化的状況を背景として、若き古澤は、一九一八年から一九二一年まで仙台の第二高等学校に在籍して浄土真宗系の学生寮にいる間に、彼の人生を変えることになる仏教指導者近角常観との出会いを果たした。近角は、とりわけ人間の弱さと人間関係こそが革新された宗教を実現する飛躍台となるかもしれないことに関心を抱いていた。これは、浄土真宗の中心的テキストである『歎異抄』にも見出される考え方でもあるが、しかし近角自身の家族体験に由来する力動的な理解でもあった。彼は、東京大学在学中に心身の病気に罹患し、外科手術のために帰郷したが、あるときに彼の病床に座して「私はもう年寄りだ、お前の苦しみを代わりに引き受けてあげたい」

と語る父の言葉を聞いた。自伝に拠れば、このことが近角の回心への深い契機となったという。その際の両親の自己犠牲の心が、近角自身の人間としての弱さ、欲望そして涜神の心を照らし出したのであった（岩田、二〇一一）。

このようなことにもとづいて、大人になった古澤の中心的関心は、倫理的かつ経験的に人間のもろさと懺悔の可能性へと焦点を当てることであった。この懺悔は、自己についての直接的かつ正確な理解を含んだ後悔の一形式であり、親密な他者の手の中へと圧倒的に受容されていることにより可能となるのだが、その際にその親密な他者を通して広大無辺な絶対的他者の力によって支えられていると感じられている。私的な文通や公開された書簡でも、道を求めてそして体験するという二重の意味で「わかること（seeing）」は、親鸞とフロイトをお互いに並べていつもお祈りする際の古澤の中核に位置していた。古澤は、両者がこのわかることの追求に彼らの人生を捧げ、そして人類にとって欠くことのできない実践的なやり方（tools）をもたらしたと強調している（フロイトの自由連想法とその治療関係をだけを言っているのではない）。一九二五年に古澤は、いささかロマンチックで大仰に書かれたドイツ語の手紙の中でフロイトへ、「貴方は、我々が学生時代に顕微鏡で細胞の構造を見出したのと同じようなある種の確かさで、人間の精神を描写しています」と書いている〔注4〕。親鸞とフロイトが同じ構想を共有し合っていたという彼の見方は、「フロイトの原理（Principle of Freud）」（日付不明ノート）と題されて、後年に英語の講演やラジオ放送のために彼が準備したノートにかなり詳しく一貫して述べられている。

「われわれ〔科学者かつ／あるいは医師〔注5〕〕は、くりかえし勉強し、フロイトの道（the route of Freud）を……辿り、そして自分自身で考え〔続け〕なければならない。私は、「科学」の代わりにフロイトの「道」という言葉を用いる。フロイトの科学は、彼の人間的特性そのものであり、彼のたどった道なのである。それは、老学者の家に秘密に隠された薬の調合の仕方〔思考の教則本〕でもないし、東洋の何人かの賢者によって通常〔提供されてきた〕抽象的な道徳の原理でもなくて、もし最善を尽くすなら誰にでも見出すことのできる道なのである」

古澤は、フロイトの人生と経歴の決定的契機は初期の精神分析コミュニティ内の論争の中における彼の自己実現／理解（realization）にあったことを、そして訓練を受けた分析家でさえも他者（同様に同僚、患者）との関わり方に不完全さと抵抗を示している、と述べている。「この体験によって、フロイト主義がしっかりと確立された。この精神は、われわれの親鸞聖人の仕事と真に合致しており……この二つの精神の間には何の違いもないのである」（古澤、日付不明ノート）。

古澤のこの尋常ではないフロイトの読みは、以下のような示唆にまで及んでいる。フロイトの心は「宗教心」の典型なのであり、それゆえに彼が宗教を神経症へと還元したことと宗教を拒絶したことにはいささか困惑させられるが、それは彼自身が自分の宗教心を十分に承知していなかったこと（ある程度のユダヤ・キリスト教の伝統的知識は持っていただろうが）に帰されるべきであろうし、例えば、フロイトは浄土真宗については何も知らなかったのだから。母子関係についての古澤の精神分析理論（「阿闍世コンプレックス」）は、この宗教心の発生をはっきりと述べるために展開されたのだが、それはフロイトのエディプス理論では捉えきれなかったと思われる。フロイトは、宗教を弱さや悪行にともなう恐ろしい否定的な罪の感覚に見ており、それとの和解への試みが容易に攻撃性へと突出してしまうのだが、他方、浄土真宗では、母親像によって、そして母性的な力として体験された広大無辺な絶対的他者によって、自分の弱さと罪が自覚されるまさにその契機において、許され受け入れられて救済されるのである（古澤、一九三一）［注6］。

ここにおける古澤の態度は、古澤の初期のクライエントであった永尾雄二郎において極めて明らかに見て取ることができる。永尾は一九四〇年代半ばに医学生であったが、最近筆者は古澤による分析中の彼の体験および彼と古澤との関係を詳しく聴く機会を得た［注7］。永尾は、当時、神経症に陥りそうな深くて永続的な自己疑念に苦しんで古澤のところへいった。そのときに永尾は、戦時中に受けた倫理の授業の教師を激しく非難したが、その理由は、その教師が生徒たちに「真なる人間」は決してどんな感情も顔に出さないと教えたからであった。永尾は、教室で挙手して感情を出すことはどうして許されないのか、それこそが自分を偽ることではないのかと質問し、それについてさらなる説明を求めた。ところがその教師は、彼の態度が反抗的であると怒り出し、ついには永尾が些細なことに難癖をつけるけしからん輩で、さらには「アカ」（共産主義者）ではないかと、一方的に非難して話を打ち切ってしまった。以来、この「真なる人間は何か」という疑問は、永尾にとって未解決のままになっていたが、彼が医学部三年のとき（一九四六）にたまたま古澤の家の前を通り、「精神分析学診療所」という看板に気付き、しばらくして門を叩くことを決意した。それから彼は、約半年で分析を終えたが、その終わりころに彼が街を歩いていると、いつもの自分の感覚が急に遠ざかり、何かによって「生かされている」という感覚が突然全身に湧き上がってきた。

永尾は、（現象論的に言えば、浄土真宗の信心の契機と禅の伝統における悟りの契機の両方の記述によく似ている）この彼の人生を変えることになった出来事を、古澤から受けた深い精神分析のおかげによるものと捉えている。彼がこの体験を古澤に語ったとき、以下のような強い確信を得た。古澤が述べたように、このような体験は、精神分析が目指しているところではあるけれども、しかし到達することが困難な新たな自己性の感覚なのであり、この種の宗教的体験なくしては精神分析だけではとうてい達成困難であっただろう。後年、医師となった永尾は、彼の当時の状態が離人症に似ていたと考えている。永尾は、彼の病いの特徴としてよりもむしろ治療の至高点としてこの解放体験(liberating experience)に達したと理解した。だからといって、解放体験と離人症状との外見上の類似性に、古澤が精神科医としてあるいは分析医として興味を持っていたかどうかは疑わしい[注8]。永尾のケース記録は残っていないが、精神医学の病は、古澤にとっては親鸞がその教えの中で強調している人間の普遍的な弱さの特殊な顕在化であるのだが、永尾の状態を離人症として古澤が理解していたかどうかは明らかではない。永尾にとっては、自己離脱体験が彼の精神的な悩みとその症状に終わりをもたらしたという事実は、古澤が関与している限り、その重要性において自ずから明らかであった。実際、永尾は、古澤の分析におけるこの一点突破全面展開の瞬間を思い起しているが、古澤はそのときにおそらく半分は冗談で彼の肩をポンと叩き、そして「あなたは今、仏になりました！」と叫んだという。

永尾は、古澤が仏教の言葉を彼の精神分析理論にはほとんど持ち込まなかったこと、そして手元に残っている当時の写真から、彼の診察室は穏やかな中立性の模範的環境であったと、強調している。しかし古澤は、永尾を含めて何人かのクライエントには分析のあとで、一緒にお茶に招くことがあった。このような機会に古澤は、仏教について喜んで語り、そして近角からもらった掛軸を永尾に見せたことがあった。また古澤は、近角とその門弟たちの拠点であった求道会館の仏教講話に永尾を誘い、そこで彼を自分の弟子であると近角の弟である常音に紹介したことがあった。極めて重要なことであるが古澤は、自分の治療スタイルは親鸞の教えから大きな影響を受けていると考えていた。永尾に対して繰り返し語り、そして精神分析を紹介する際にもわざわざ言及した彼のモットーは、「親鸞の心をもって、精神分析をする」であった。

古澤の精神分析の技法

このことは実際には何を意味していたのだろうか。古澤のクライエントや彼から教育分析を受けた人に共通する意見は、彼のスタイルは直感的／直観的で直接的／親密的（intimate）であるが、彼の批判者に対しては極めて規範的／断定的（prescriptive）で、異論に対してほとんど不寛容であり、生理的な「嫌悪感」を示していたという。古澤の弟子で後には日本の精神医学と精神分析における優れた指導者となった土居健郎は、古澤に女性的な傾向を認めていた（土居、一九五三）。古澤が亡くなった十一年後の日本精神分析学会（一九七九）の講演の中で土居は、仏教の「宗教心と精神分析が彼〔古澤〕において合体するのは当然であり、そのことに何の不都合のあろうはずがない」と述べている（土居、一九七九／八〇）。結局、このことが両者の袂を分かつ原因になったと、土居は古澤を強く非難している。クライエントの連想内容と抵抗に十分な注意を払うよりも、仏教的助言を精神分析の言葉にまとわせながら、古澤はクライエントの連想を「解釈する」傾向があったことも、それに関係していた。土居は、瞑想の一形式として古澤が自分の患者に一人で自由連想を行うことを勧めていたこと［注9］や、精神分析についての深い理解を持っていたにもかかわらず、クライエントを取り扱う際に古澤がいささか救済者の衣をまとっていたことも不愉快に思っていた（土居、一九七九／八〇）。古澤は、先に述べたフロイトの例に事寄せて、おそらくは彼のおこなう分析セッションを彼自身の自己分析（親鸞の言葉では、まさに自身の救済）を進めるための機会ともしていたように思われる。「古沢は救済者としての意識があまりにも強いために、患者を常に自分の中に取り込んでしまい、そのことの中に潜んでいる自分自身の無意識には気が付かず、それをお預けにする効果を生んでいるという風に私は観察したからである。もっと端的にいえば、古沢は患者をいわば呑んでかかり、そのことで患者が反発を感じても、自分は悪感情には反応しないとばかり口をぬぐっていたことになる」（土居、一九七九／八〇）〔注10〕というかなり辛辣な古澤批判は、このように自己に焦点を当てた力動が治療者としての古澤の中で役割を演じていたという疑念を強く支持している。

古澤自身の仏教（さらに一般的には、大乗仏教）と精神分析との両立可能性という知的挑戦が彼の心を動かしていたのではないか、ということに対するいささかのヒントが彼の書いたものの中に残されている。彼は、青森県にある脇沢寺（曹洞宗）住職の大山順道と知り合って、文通をおこなった。フロイトの治療法は、一種の浄化であり、人々の内奥にある考えを「吐露すること」を手助けする一つの方法である、と大山は考えた。そしてフロイトが宗教を神経症と結び付けたことが、真の啓蒙からさまざまな自己満足や自己欺瞞の精神状態を区別することに使えるかもしれないというアイデアに心を動かされていた（大山書簡、一九五七）。しかし古澤は、この大山の示唆には少し距離を置いていたように思われる。

このことは、古澤がフロイトとメニンガーに宛てた手紙の告白的な書き方を通してもわかるが、後者との文通では、しばしば個人的なことや知的な思弁的なことにまで話題が及んでいた。一九三一年十一月にフロイトに宛てた手紙で古澤は、反復強迫の成り立ちを「仏の救済」に結び付け、そしてこの主題に関するフロイトの著作を彼自身の過去の葛藤体験に比べることで、彼は最終的に「転移」の意味を捉えることができたと述べている［注11］。彼はこの時点で、心の中で転移性の力動をともなった自分の過去を考察するために「自己に帰る歴史／物語（die rückbezügliche Geschichte）」という言葉を用いている。二十年後に古澤は、メニンガーに彼の著書『人間の心』（Minninger, 1945）の翻訳に関わった三人がそれから病気になったという事実の意味を、尋ねている。古澤は、このことを彼の臨床体験になぞらえていたが、そこではクライエントの回復は両親のどちらかが健康を損なうときと一致していたという。古澤は、両親と子どもとの間の心理学的関係の重要性を認めたが、しかしある人の命が何らかの仕方で別の人の命に「置き換わる」ことが可能なのだろうか、「別の世界へと旅立つ〔よりもむしろ〕身体を持ち続けながらこの世にとどまることを選ぶとすると」、当の両親は「自分の命（寿命）を犠牲にしてまでも自分の子どもの回復（復活）に満足」すべきなのだろうか、とまで問うている。「もし死後の霊的命（spiritual life）の存在を信じることができるのならば、何の問題もない」と彼は付け加えている［注12］。

このようなコメントは、どのようにして（兄に宛てた手紙でときに言及している）阿弥陀の慈悲が人間関係を貫いているか、あるいはどのようにして人間関係がある意味において慈悲の力ないし法《ダルマ》の働き「である」のか、についてより知的に理解しようと古澤が明確に意識していたとするなら、とても興味深い。しかし、古澤はメニンガーの西洋キリスト教を主に念頭に置いて書いていたのかもしれない。海外の（とりわけアメリカの）精神分析の同業者と文通する場合、西洋人の大多数は従来とは違った方向へと概念的な飛躍をすることは困難であるために、日本的観念を西洋哲学の語彙へと置き換えて翻訳せざるを得ないことに古澤は当惑していた。古澤が死後の物理的身体（physical bodies）と霊的命について述べていることを、どのように解釈すべきかについて確定的なことは言えないので、われわれは古澤がメニンガーに宛てた、知的なもの(the intellectual)を直接的なもの(the immediate)へと彼らしく回付させている別のコメントにもとづく方が無難であろう。「私が、〔日本で〕精神分析の知識を広めたのみならず、実践し、「そ、し、て、精、神、分、析、を、生、き、た、」今でも唯一の人間であるということは、本当に悲しい真実です」(古澤、一九五三)〔注13〕。

結語

古澤平作は、日本における精神分析とその仏教との関係に対して二つの対照的な遺産を残して、一九六八年に亡くなった。良く知られているのは、いわゆる精神分析における「古澤学派」であるが、それが現在まで日本における分析の教育と実践の中核を形成してきたと国際的にも認識されている。しかし、もう一つのもの、つまり古澤による精神分析への仏教的アプローチとその実践は、その学派の分析家たちにはほとんど継承されなかった。限定的な意味においてではあるが、古澤の弟子の中でもっとも有名になった土居健郎は、「甘え」という心理学的概念を用いて明確に日本人のアイデンティティを描き出そうとした点で、戦前の井上円了と比肩しうる。実際、ボロヴォイ（Borovoy, 2012）は、土居は戦前の日本の排他主義を戦後世界に適合するように作り変えようとしたと、最近示唆している。だがデイル（Dale, 1986）が、彼の辛辣な著作『日本のユニークさという神話』の中で書いた土居への批判が示しているように、日本の精神分析において、古澤における「宗教心」への関心から、土居や小此木などにおける社会心理学的文化的関心へとシフトした原因は、古澤の仕事を下から支えていた普遍的救済を求める熱意であった、と示唆している。

古澤は、ここにおいて同世代の以下の二人の日本の精神療法のパイオニアと運命を共有していたように思われる。森田正馬は森田療法の、吉本伊信は内観療法の創始者であった。この三人とも、まずは自分自身の人生において宗教と精神療法的洞察を融合させて、それから非常に実践的で有効な治療法を生み出すことに成功したが、そこでは過去の人間関係を構造化した幾分瞑想的な考察が中心になっている。これら三つの学派は、第二次大戦後の世俗化の過程をくぐり抜けなければならなかった。宗教の日常文化へ及ぼす影響が低下し、社会的な人間関係の在り方が変容したからである。森田と古澤は二人とも、彼らの自宅に若いクライエントを招くことによって、緊密な日本の家族力動を利用していた（森田療法は、最初はクライエントが一時的に家族の一員となることに根ざしていた）。このようなやり方は、戦後世代にはむしろプロフェッショナルな技法とは思われなくなり、戦前とは異なってしまった戦後の社会的文脈では馴染みのない奇異なものと感じられるようになって、そのためにその治癒力を維持するために時代に合わせた技法の変更が試みられてきた。

その意味において、森田療法と内観療法〔前著注56（一二一頁）〕は現代の日本にもいまだに生き続けているといえるが、古澤の場合には、必ずしもそうとは言えなかった。古澤の仕事は、精神分析を日本に根付かせたという意味では、少なくとも彼の遺産が継承されているとは言えるであろう。しかし、それ以外にも現在まで、しかも日本の精神分析のサークルでもあまり知られていなかったもう一つの遺産を指摘したい。それは、古澤が亡くなる数年前に彼の最後のクライエントとなった小説家、瀬戸内晴美〔前著注26（一一三頁）〕に由来する。彼女は、その後出家して寂聴と名をかえたが、現代日本で社会的文化的に大きな影響力を持っている文化人の一人である。彼女は、古澤から受けた仏教的な精神分析に深く影響を受けており、今でも法話の中でこの体験をしばしば回想して語っている［注14］。この仏教的精神分析の遺産は、少なくとも古澤自身が行っていた限りにおいて適切なものであったように思われる。彼は、日本の精神分析における理論と実践の体現者であることを願っており、とりわけ戦後日本の復興を願い、模範的生活と親鸞の教えを結び付けることで社会に広範な影響力を及ぼすことを願っていた。例えば、精神療法を学校に導入し、本来の宗教に反するカルト的な「新宗教」には反対する講演も行っていた。

新たな問いで本論を終えることは、もっとも有益なことであろう。古澤は、本当に精神分析をおこなったと言えるのだろうか？　宗教と心を結び付けるアイデアを持ってそれを実践することは、それらの構成要素を歪めたり変質させてしまう過程を必然的に含んでしまうが、それによってお互いを活性化させて新たな次元へと止揚することに成功したのであろうか？　古澤にとって、精神分析と仏教を結び付けることは、明らかにたった一つの目標へと到達する方法をより強力にすることであった。さらに彼のクライエントのうち少なくとも二人（永尾と瀬戸内）にとって両者の結び付きは、いわば「三角測量」を用いて得られるような成功をもたらしたが、それにはそれまでの内的生活史が深く関与していた。そこでは、宗教的なものを心理学的メタファーですべて置き換えることもできなかったし、個々人の抱える精神的苦悩を宗教の言葉を用いて完全に理解することもできなかった。どちらか一方ではなくて、だから二元論から一元論への退縮ではなくて、そのどちらもが同じ現象の二つの分節化として相互緊張を維持しながら、どちらか一方への過剰同一化を抑制し合うことで、両者は弁証法的に止揚されて実生活における心の平安を見出したのである。

古澤は、彼のやり方に共鳴した人たちにはとても深い印象を残した。永尾は、中学時代からの「真の人間とは何か」という問いの模範として古澤を見出したが、他方、瀬戸内はこの上ないほどの暖かさをもった人として彼を想起している。しかし、古澤による精神分析への仏教的アプローチが、継承されることはなかった。一九五七年に彼が脳卒中で倒れたこともそれに与っていた。彼の直弟子たちは、古澤を尊敬してはいたが、しかし彼のアプローチはとても守旧的であり、融通が利かず、かつ非科学的であると見ていた。そのため古澤が退場するとともに、弟子たちは古澤の精神分析から仏教的側面を意識的かつ無意識的に消し去っていった。だからこそ、かえって戦後の日本に精神分析がそれなりに根付くことができたと言えるのかもしれない。

古澤の精神分析と仏教との間に関係をつけるという「実験」から得られる有益な成果は、現代日本においてもそれと共鳴するものを持っている。ほぼ三十年来、精神療法、カウンセリング、宗教と心（religion-psy）が結び付くことで新たな癒しの取り組みがなされおり、最近では終末期緩和ケアや緊急時災害救護援助においても宗教的な視点は無視し得ないものになっている［注15］。そのもっと注目に値する具体例は、二〇一一年三月十一日の東日本大震災の津波とそれに続く福島の核災害であろう。そのような状況と古澤のパイオニア的試みを理解し展開することによってもたらされる実践的かつ認識的な成果は、日本やそれ以外のところにおいても、このような同時代の政治的、医学的、宗教的、倫理的問題に対して何らかの示唆を与えてくれるであろう。

◆注

1――精神医学と植民地主義については、以下参照（Mahone and Vaughan, 2007）。
2――古澤は、日付なしの四兄市郎（明治二十八年一八九五年生、五男の古澤平作より二歳年長）宛の手紙に「進んだこと」を書いているが、それはフェダーンが彼に勧めていた「進んだこと」以上のヒントは与えていない。
3――古澤に送られてきた手紙の日付は、各々、一九五四年十二月六日、同年八月二十三日、日時不明（郵便消印不鮮明）（これらすべては、古澤家文書）。
4――古澤平作からフロイト宛の一九二五年四月十五日の手紙（北山、二〇一一の書簡1）。
5――この講演や放送がどのような集会のために準備されたのかは、ノートからでは明らかではないが、しかし古澤は科学者、医師あるいはその両方に向って話しかけようとしているように思われる。
6――以下も参照（小此木、北山、二〇〇一；Ozawa-de Silva, 2007；Radich, 2011）。
7――著者とのインタビューは二〇一二年四月（永尾他、二〇一六）と十一月。
8――そのような論争は、現在の仏教でもよく見られる。離人症は、一九三〇年代やそれ以前でもヨーロッパの精神医学、心理学そして精神分析で広く議論されており、古澤自身のスーパーバイザーであったフェダーンも後年それについての考えを展開させている（Berrios, Sierra, 1997）。
9――瞑想との比較は、土居よりもむしろ著者の見解である。
10――土居の古澤批判は注意深く読まれなければならない。それは彼が、「自分に取り込んでしまう」ことと「呑んでかかる」という考えを彼自身の後の「甘え」の理論と関連付けているからである。

11――この点については、以下参照（Shingu, Funaki, 2008）。

12――古澤平作からメニンガー宛の日付不明の手紙（メニンガー文庫、カンザス歴史協会、Topeka, Kansas）。

13――古澤とメニンガーとの関係については、以下参照（Harding, 2013）。

14――瀬戸内寂聴と著者とのインタヴューは、二〇一二年十月二十三日（Harding, 2012, 2013）。

15――このような癒しの技法の出現をたどる際にとりわけ島薗進の仕事に大きな影響を受けた（島薗、二〇〇三；Shimazono, 2004, 2015）。

〔文献〕

（a）書簡と未出版ノート（特に記載されたもの以外は、すべては古澤家文書）

- 土居健郎から古澤平作宛の書簡、一九五三年十月二十八日
- 古澤平作の書簡

フロイト宛、一九二五年四月十五日（米国議会図書館、フロイト・アーカイブ）（北山、二〇一一、書簡1）
フロイト宛、一九三一年十一月（同右）（北山、二〇一一、書簡9）
古澤市郎宛、一九三二年二月二十日
古澤市郎宛、一九三二年五月十九日
古澤市郎宛、日付不明
土居健郎宛、一九五一年四月十七日
メニンガー宛　一九五三年六月二十九日（メニンガー・アーカイブ、カンザス歴史協会、Topeka、Kansas）
メニンガー宛、日付不明（同右）

永尾雄二郎宛、一九五五年十月二十九日（永尾家文書）
永尾雄二郎宛、一九五五年十一月三日（消印、永尾家文書）
• 古澤平作（日付不明）、「フロイトの原理」と題されたノート
• 小此木啓吾から永尾雄二郎宛の書簡、一九五九年一月二十九日（永尾家文書）
• 小此木啓吾から永尾雄二郎宛の書簡、一九六三年三月十七日（永尾家文書）
• 大山順道（一九五七、三月）、古澤に宛てた手紙に含まれていた「宗教的法悦の精神分析」という論文（大山、一九五四）への覚え書き（notes）
• Sterba, R.から古澤宛の書簡（一九三六年一月十日）
• 古澤に送られてきた三通の書簡

（b）出版文献

• Berrios, G.E., Sierra, M.（1997）Depersonalization : a conceptual history, 8 ; 213-229.
• Bloch, M.（1990）The Royal Touch : Monarchy and Miracles in France and England. Dorset Press, Dorchester　井上泰男・渡邊昌美［訳］（一九九八）『王の奇跡：王権の超自然的性格に関する研究、特にフランスとイギリスの場合』刀水書房
• Blower, G.H., Yang Hsueh Chi, S.（1997）Freud's Deshi : the coming of psychoanalysis to Japan. Journal of the History of the Behavioral Sciences, 33（2）; 115-126.
• Boroboy, A.（2012）Doi Takeo and the rehabilitation of particularism in postwar Japan. Journal of Japanese Studies, 38（2）; 263-295.

- 近角常観（一九〇〇）『信仰の餘瀝』大日本仏教徒同盟会
- 近角常観（一九〇五）『懺悔録』森江書店〔本書は国立国会図書館デジタルコレクションに採録されており、インターネット上で読むことができる〕
- 近角常観（一九五四）『慈愛と真実』丁子屋書店
- Curley, M.A.（2008）The subject of history in Miki Kiyoshi's "Shinran". In : Hori, V.S., Curley, M.A.（eds）Neglected Themes and Hidden Variations : Frontiers of Japanese Philosophy, Vol.2, Nanzan, Nagoya.
- Dale, P.（1986）The Myth of Japanese Uniqueness. St Martin's Press, New York.
- 土居健郎（一九七一）『「甘え」の構造』弘文堂
- 土居健郎（一九八〇）「古澤平作と日本的精神分析」精神分析研究、二四（四）、二二九–二三一頁〔一九七九年日本精神分析学会大会で発表されたシンポジウムをまとめたもの〕
- Ellenberger, H.F.（1970）The discovery of unconscious : the history and evolution of dynamic psychiatry. Basic Books, New York　木村敏・中井久夫〔監訳〕（一九八〇）『無意識の発見——力動精神医学発達史』上・下、弘文堂
- Harding, C.（2009）Sigmund's Asian fanclub? The Freud franchise and independence of mind in India and Japan. In : Clarke, R.（ed.）Celebrity Colonialism : Fame, Power and Representation in Colonial and Postcolonial Cultures. Cambridge Scholars Press, Newcastle-upon-Tyne.

- Harding, C.（2012）Couched in kindness. Aeon Magazine. http://www.aeonmagazine.com/worldviews/christopher-harding-psychoanalysis-buddhism/（二〇一六年二月参照）
- Harding, C.（2013）The therapeutic method of Kosawa Heisaku : 'religion' and 'the psy disciplines'. In : Ogawa, T.（ed.）Japanese Contributions to Psychoanalysis, Vol.4, pp.151-168, The Japan Psychoanalytic Society, Tokyo.
- Harding, C.（2014）Japanese Psychoanalysis and Buddhism : the making of a relationship. History of Psychiatry, 25（2）; 154-170.
- Harding, C.（2015）Religion and psychotherapy in modern Japan : a four-phase view. In : Harding, C., Iwata, F., Yoshinaga, S.（eds）Religion and Psychotherapy in Modern Japan. pp.25-50, Rouledge, London.
- Harding, C., Iwata, F., Yoshinaga, S.（eds）（2015）Religion and Psychotherapy in Modern Japan., Rouledge, London.
- 長谷川誠也（一九三三）「エディポス物語と仏典中の類似伝説」精神分析、一（一）、八-一五頁
- 生田孝（二〇一一）「パッションについて」『語り・妄想・スキゾフレニア――精神病理学の視点から』、二八八-二九三頁、金剛出版
- 生田孝（二〇一四）「古澤平作の学位論文「精神乖離症性幻視ニ就イテ」（昭和八年）精神医学史研究、一八（二）、八八-一〇二頁

・生田孝（二〇一五）「古澤平作のドイツ語訳「阿闍世コンプレックス」論文をめぐって」精神医学史研究、一九（二）、四五－六〇頁

・生田孝（二〇一六a）「古澤平作における「仏教精神分析」について」日本病跡学会雑誌、九一、二〇－三〇頁

・生田孝（二〇一六b）「精神医学――西洋との出会いと生みの苦しみ」臨床精神病理、三七（三）、二四五－二五三頁

・生田孝、永尾雄二郎（二〇一六）「古澤平作－永尾雄二郎－金子大榮：精神分析と仏教をめぐって」精神医学史研究、二〇（二）、六一－七一頁

・生田孝（二〇一七）「古澤平作の「通信分析」について」精神医学史研究、二一（二）、六一－六九頁

・岩田文昭（二〇〇一）「歴史と物語――阿闍世コンプレックスの生成――」長谷正當・細谷昌志編『宗教の根源性と現代　第一巻』、二〇－三六頁、晃洋書房

・岩田文昭（二〇〇九）「阿闍世コンプレックスと近角常観」臨床精神医学、三八（七）、九一五－九一九頁

・岩田文昭（二〇一一）『近代化の中の伝統宗教と精神運動：基準点としての近角常観研究』大阪教育大学

・岩田文昭（二〇一四）『近代仏教と青年――近角常観とその時代』岩波書店

・Iwata, F. (2015) The drawing of Japanese psychoanalysis : Kosawa Heisaku's therapy and

faith. In : Harding, C., Iwata, F., Yoshinaga, S. (eds) Religion and Psychotherapy in Modern Japan. pp.120-138, Rouledge, London.
• Iwata, F. (2016) The mother image in the Ajase complex and its Buddhist background. Japanese Contributions to Psychoanalysis, Vol.5, pp.142-154, The Japan Psychoanalytic Society, Tokyo
• 岩田文昭（二〇一六）「古澤平作の精神分析と仏教の関係について貴重な知見を提供——新たな日本人論の可能性を予感させる書」図書新聞、第三二八二号（二〇一六年十二月十日）
• 甲斐和里子（一九三六）『草かご』真宗研究所
• 金谷武（二〇〇四）『英語にも主語はなかった——日本語文法から言語千年史へ』講談社
• 金子大榮（一九一五）『真宗の教義及其歴史』無我山房
• 金子大榮（一九二五）『浄土の観念』文栄堂
• 金子大榮（一九四三）『親鸞教の研究』大村書店
• 金子大榮（一九四七）『弟子の智恵』全人社
• 金子大榮（一九五六－一九六一）『選集』二十巻、続巻三巻、在家仏教協会
• 金子大榮（一九六〇）『真宗の現世利益』大谷出版社
• 金子大榮（一九六八ａ）『晩学聞思録』在家仏教協会
• 金子大榮（一九六八ｂ）『普遍の法、特殊の機』金子大栄先生米寿記念会
• 金子大榮（一九七一－一九七七）『講話集』五巻、法藏館

・金子大榮（一九七二－一九七四）『随想集』十巻、雄渾社
・金子大榮（一九七七－一九八六）『著作集』十二巻、別巻四巻、春秋社
・河合隼雄（一九七六）『影の現象学』思索社
・河合隼雄（一九九五）『ユング心理学と仏教』岩波書店
・河合俊雄（二〇一七）「自閉症スペクトラム障害への心理療法の試みと時代性」臨床精神病理、三八、一六六－一七四頁
・木村敏（二〇一〇）「中動態的自己の病理」臨床精神病理、三一、一四七－一五四頁
・北見芳雄（一九七八a）「仏教精神分析（古沢平作）と内観法」第一回内観学会発表論文集、六二－六六頁
・北見芳雄（一九七八b）「精神療法としての内観法――仏教精神分析（古沢平作）との関連から」精神分析研究、二三（一）、七－九頁
・北山修〔編〕（二〇一一）『フロイトと日本人――往復書簡と精神分析への抵抗』岩崎学術出版社
・國分功一郎（二〇一七）『中動態の世界――意志と責任の考古学』医学書院
・古澤平作（一九三一）「精神分析学上より見たる宗教」東北帝国大学医学部艮陵会機関誌『艮陵』第八号（六月十五日付）、七－八頁
・古澤平作（一九三四）「精神分析治療に関する二三の自解」精神分析、一（二）、七－一一頁
・古澤平作（一九三五a）「精神分析学上より見たる二つの宗教」精神分析、三（二）、一一八－

一二七
・古澤平作（一九三五b）「Zwei Arten von Schuldbewusstsein—Oedipus und Azase」精神分析、三（二）、一二七－一三九〔ドイツ語論文〕
・古澤平作（一九三九）「フロイド先生の遠逝を悼む」東京医事新誌、三一五五、二五六六－二五六九頁
・古澤平作（一九五三）「あとがき」フロイド選集第3巻古澤平作訳『続精神分析入門』、二八七－三〇二頁、日本教文社
・古澤平作（一九五四a）「罪悪意識の二種（阿闍世コンプレックス）」精神分析研究、一（四）、五－九頁
・古澤平作（一九五四b）「フロイド先生の遠逝を悼む」精神分析研究、一（六）、八－一二頁
・古澤平作（一九五六）「フロイド先生との最初の会見・」精神分析研究、三（五）、一－二頁
・古澤平作（一九六三）「お差支えなし、御注文なし」精神科学、一七(九)(通巻一九三)、五－六頁
・倉田百三（一九一八）『出家とその弟子』岩波書店
・真栄城輝明（二〇一四）「サイコセラピーとしての内観」秋田巌編『日本の精神療法　思想編』、三－七七頁、新曜社
・三浦信之（一九五五）「日本の精神分析学の父丸井清泰教授を偲ぶ」精神分析研究、二（一〇）、一－六頁

- Mahone, S., Vaughan, M. (eds) (2007) Psychiatry and Empire. Palgrave Macmillan, Basingstoke and New York.
- Menninger, K. (1945) The Human Mind. A.A. Knopf, New York, 古沢平作監修、草野栄三良訳（一九五一）『人間の心』上・下、日本教文社
- Myouki, H. (2016) Constructing the Kosawa Archive. Japanese contributions to Psychoanalysis, Vol.5, pp.123-141, The Japan Psychoanalytic Society
- 永尾雄二郎（一九八六）『健康と念仏』東本願寺出版部
- 永尾雄二郎（一九九八）『聞思の人生——金子大榮先生を偲ぶ』法蔵館
- 永尾雄二郎、金光寿郎（二〇〇一）「〈対談〉佛道の師を語る」在家佛教、五〇（八）、一六―二三頁
- 永尾雄二郎（二〇一〇）『続・聞思の人生——感情の純化』光輪会
- 永尾雄二郎、ハーディング・C、生田孝（二〇一六）『仏教精神分析——古澤平作先生を語る』金剛出版
- 日本内観学会〔編〕（一九八九）『内観一筋　吉本伊信の生涯』日本内観学会
- Obholzer, K. (1980) Gespräche mit dem Wolfmann—Eine Psychoanalyse und die Folgen. Rowohlt, Reinbek　馬場謙一・高砂美樹訳（二〇〇一）『W氏との対話——フロイトの一患者の生涯』みすず書房
- 小此木啓吾（一九七〇）「日本的精神分析の開拓者　古沢平作先生」精神分析研究、一五

（六）、一－一五頁
• 小此木啓吾、河合隼雄（一九七八）『フロイトとユング』思索社
• 小此木啓吾（一九七九）「古沢平作、日本の精神医学１００年を気づいた人々⑨」臨床精神医学、八（七）、八一一－八二〇頁
• 小此木啓吾、北山修〔編〕（二〇〇一）『阿闍世コンプレックス』創元社
• 大山順道（一九五四）「法悦の精神分析」精神分析研究、四（七－八）、一－九頁
• Ozawa-de Silva, C.（2007）Demystifying Japanese therapy : an analysis of Naikan and the Ajase Complex through Buddhist thought. Ethos, 35（4）: 411-446.
• Radich, M.（2011）How Ajatasatru Was Reformed : The Domestication of ‘Ajase’ and Stories in Buddhist History. International Institute for Buddhist Studies of the International College for Postgraduate Buddhist Studies, Tokyo.
• Schepers, G.（2004）Shinran and modern individualism. In : Bloom, A.（ed.）Living in Amida’s Universal Vow : Essays in Shin Buddhism. IN : World Wisdom, Bloomington.
• 瀬戸内静聴（一九八五）『私小説』集英社
• 瀬戸内静聴（二〇〇五）『五十からでも遅くない』海竜社
• 島薗進（二〇〇三）『〈癒す知〉の系譜――科学と宗教のはざま』吉川弘文館
• Shimazono, S.（2004）From Salvation to Spirituality. Trans Pacific Press, Melbourne.
• Shimazono, S.（2015）From salvation to healing : Yoshimoto Naikan therapy and its reli-

gious origins. In : Harding, C., Iwata, F., Yoshinaga, S. (eds) Religion and Psychotherapy in Modern Japan. pp.150-164, Rouledge, London.
- Shingu, K., Funaki, T. (2008) "Between two deaths" : the intersection of psychoanalysis and Japanese Buddhism. Theory & Psychology, 18 (2) ; 253-267.
- Suzuki, A. (2003) A brain hospital in Tokyo and its private and public patients. History of Psychiatry, 14 (3) : 337-360.
- 鈴木大拙（一九一六）『禅の研究』丙午出版社
- 武田專（一九九〇）『精神分析と仏教』新潮社
- 山辺習学、赤沼智善（一九五一）『教行信証講義　教行の巻』法蔵館
- 山折哲雄（二〇一〇）『「教行信証」を読む——親鸞の世界へ』岩波書店
- 吉本伊信（一九六五）『内観四十年』春秋社

◆著者略歴

永尾雄二郎

一九二五年生まれ。医学博士。東京医科大学在学中から、古澤平作に師事し、教育分析を受けた。医師になってからも日本精神分析学会の前身である日本精神分析研究会で活動し、精神分析に深く関わっていたが、その後、静岡県大須賀町（現・掛川市）で永尾医院を開業して地域医療に尽力。この間に仏教へと転じて晩年の金子大榮に師事し、有力な在家信徒として活躍し現在に至る。また主著に『聞思の人生――金子大榮先生を偲ぶ』（法藏館、一九九八）、共著に『仏教精神分析――古澤平作先生を語る』（金剛出版、二〇一六）他。元・永尾医院院長、元・介護老人保健施設あおばケアガーデン施設長。

クリストファー・ハーディング（Christpher Harding）

一九七八年生まれ。近代インドと日本に関する文化歴史学研究者。近現代のインドと日本が西欧の宗教、哲学、精神医学等との遭遇において、何が拒絶され受容され変容したのかを研究。その中で生じた新しい思想運動や治療法が、宗教やスピリチュアリティ、そしてメンタルヘルスの間の境界を曖昧化させ、その相互作用の中からわれわれの考え方に革命的な変化をもたらした動きを探求している。主著に『Religious Trasformation in South Asia：the Meanigs in Colonial Punjab』（Oxford University Press, 2008）、共編書『現代日本における宗教と精神療法（Religion and Psychotherapy in Modern Japan）』（Routledge, 2014）他。BBCなどでブロードキャスター、ジャーナリストとしても活躍。現在、英国エディンバラ大学アジア史学科講師。

生田　孝

一九四九年生まれ。理学博士・医学博士。理論物理学研究（阪大、名大）から医学に転じ阪大医学部卒業。精神医学を専攻し、木村敏、清水將之、Blankenburg, W. に師事し、精神病理学、リエゾン精神医学、精神医学史、病跡学を専門とする。主著に『語り・妄想・スキゾフレニア』（金剛出版、二〇一一）、編訳書にW・ブランケンブルク『目立たぬものの精神病理』（みすず書房、二〇一二）他。古澤平作の研究で二〇一七年度日本病跡学会賞を受賞。現在、総合病院聖隷浜松病院顧問。

岩田文昭

一九五八年生まれ。文学博士。京都大学文学部哲学科卒業、同大学院文学研究科博士課程満期退学、この間、ルーヴァン大学高等哲学研究所で学ぶ。主に十九－二〇世紀のフランスの哲学と、西田幾多郎や九鬼周造といった京都学派の哲学の研究。また、デス・エデュケーションの日本版といえる「いのち教育」を実践しながら、その可能性と意義を考察。さらに、近角常観が青年知識人に与えた思想的影響について調査を進め、また鈴木大拙など近代仏教者の思想研究と資料調査にも取り組んでいる。主著に『フランス・スピリチュアリスムの宗教哲学』（創文社、二〇〇一）、『近代仏教と青年――近角常観とその時代』（岩波書店、二〇一六）、共編著『Religion and Psychotherapy in Modern Japan』（Routledge, 2014）他。二〇〇四年より、大阪教育大学教育学研究科社会科教育専攻教授。

続《ぞく》・仏教精神分析《ぶっきょうせいしんぶんせき》
フロイトの心、親鸞の心

2018年10月10日　印刷
2018年10月20日　発行

著者——**永尾 雄二郎**
クリストファー・ハーディング
生田 孝

発行者——**立石正信**
発行所——**株式会社 金剛出版**
〒112-0005
東京都文京区水道1-5-16
電話 03-3815-6661
振替 00120-6-34848

装釘◉臼井新太郎
印刷所◉総研

ISBN978-4-7724-1652-8 C3011
Printed in Japan©2018